Un nombre para mi bebé

EDICIONES
Lea

Un nombre para mi bebé
es editado por
EDICIONES LEA S.A.
Charcas 5066 C1425BOD
Ciudad de Buenos Aires, Argentina.
E-mail: info@edicioneslea.com
Web: www.edicioneslea.com

ISBN: 978- 987-1257-44-7

Segunda edición, 4000 ejemplares.
Impreso en Argentina.
Esta edición se terminó de imprimir en
Noviembre de 2008 en Printing Books.

Un nombre para mi bebé - 1a ed. 2a reimp. - Buenos Aires : Ediciones Lea,
2008.

160 p. ; 20x14 cm. (Nueve lunas; 6)

ISBN 978-987-1257-44-7

1. Nombres Personales.
CDD 929.44

INTRODUCCIÓN

Uno de los hechos más significativos en la vida de una pareja es enterarse de que está embarazada y que espera un hijo. El nacimiento será uno de los momentos emocionalmente más fuertes en la vida de los padres, y no menos importante será la elección de un nombre para el futuro vástago.

La búsqueda del nombre también debe ser entendida como otro acto de amor que nos es permitido vivir, porque no es algo de todos los días ni una tarea menor ponerle nombre a otra persona. Nuestra elección lo habrá de acompañar toda su vida; con ese nombre lo llamaremos, lo conocerán y en él se reconocerá a sí mismo.

Durante los meses del embarazo y mientras esperamos poder tener a nuestro hijo en nuestros brazos, nos vamos enfrentando a la ineludible necesidad de asumir responsabilidades que nos corresponden como futuros padres. Muchas de ellas se han de convertir en obligaciones placenteras o muy placenteras, gracias al amor que nos provoca nuestro nuevo estado. Buscar y elegir un nombre para el nuevo ser que nacerá, es una de ellas.

Todos los padres queremos que cuando crezca piense que sus padres lograron una cierta armonía entre su nombre y su persona, por eso para lograrlo debemos tener en cuenta ciertas consideraciones a la hora de elegirlo. A veces el encuentro con el nombre es rápido y sin complicaciones. Otras, se hace un poco más difícil.

En ciertas ocasiones los padres precisan llegar a algún tipo de acuerdo para definir el nombre. Hay padres que ya tienen elegido el nombre con una anticipación de casi nueve meses. Otros –y damos fe de que sucede–, teniendo una serie de nombres posibles, lo han tenido que decidir en la mismísima sala de partos, al tener que responder a la pregunta de la partera o del obstetra: "¿Cómo se llama?".

En un caso u otro, aparecen las alternativas: los nombres de abuelos y padres, las sugerencias de parientes, amigos y conocidos.

Todos participan de un modo u otro, preguntando cómo le vamos a poner, evaluando nuestra elección y casi siempre exponiendo sus propias preferencias. La mayoría invariablemente no acuerda con la elección de los padres y es de esperarse, ya que la elección de un nombre es tan personal como las infinitas razones que hacen que nos gusten unos más que otros.

Pero son los padres los que tienen la última palabra y la ineludible decisión final. Es su obligación y su privilegio, porque es una oportunidad que se da contadas veces en la vida, y a veces sólo una.

En ocasiones la madre confecciona una lista por su lado –mental o escrita– de nombres posibles, y el padre hace otro tanto. Luego las confrontan, procurando lograr el sencillo –o trabajoso– encuentro de un nombre que figure en ambas listas. Así surge un nombre o varios. Pero puede suceder que no haya acuerdo en primera instancia, y que haya que seguir buscando. A veces uno de los dos accede a hacer suya la elección o proposición del otro, modo también válido para encontrar el nombre para el niño. No hablamos de acatar o ceder, sino de un acuerdo: el hijo es de los dos y la responsabilidad también.

En todos los casos, vale la pena señalar que después de la herencia genética que los padres le han dado por mandato biológico, el nombre es la segunda herencia que el nuevo niño recibirá de sus progenitores.

Sugerencias y consejos

Es importante tener en cuenta ciertas premisas para la elección del nombre. La intención es ayudar a los padres a evitar errores que podrían perjudicar al niño el día de mañana.

1. Van a elegir un nombre que será el de su hijo durante toda la vida, con él será identificado de manera permanente. Imaginen por un momento que ustedes son el pequeño y traten de experimentar cómo se sentirían si ese fuera su nombre. Es la mejor manera de evitar elegir un nombre que sea difícil de pronunciar o que pueda condenarlo a ser objeto de burla de los demás.

2. Es muy importante que el nombre jamás genere dudas sobre el género –sexo– de quien lo posee. No hace falta señalar los traumas y las confusiones que esto podría acarrear.

3. Los nombres "de moda" que a veces imponen los medios de comunicación como la televisión, deben ser pensados en perspectiva de futuro o directamente evitados. Esos nombres, dentro de unos años, estarán "pasados de moda" –toda moda es

efímera– y si no tienen valor por sí mismos habrán sido un gran error porque sonarán ridículos.

4. La grafía de un nombre –la forma de escribirlo– merece cierta atención. ¿Para qué ponerle Martha o Desirée si es muy probable que escriban Marta o Desiré, y siempre será necesario explicar cómo se escribe correctamente?

5. Hay nombres que se pueden prestar a ser deformados o asociados de forma desagradable, sobre todo en los años escolares, ya que los niños en esa etapa suelen ser naturalmente crueles sin medir las consecuencias. Esta situación puede generar traumas psicológicos en la infancia. Seguramente los padres recordarán a algún compañero de escuela que sufrió por esta causa, por lo que deben tenerlo presente.

6. Hay muchos nombres que tienen diminutivos o sobrenombres y es muy probable de que los llamen por ellos, antes de utilizar el nombre real o completo. Es necesario tenerlo en cuenta, ya que algunos de estos "reemplazos" del nombre le pueden molestar al niño o a los padres.

7. Presten atención al "cómo suena" el nombre elegido cuando se lo nombra junto al apellido. Hay nombres que seguidos de ciertos apellidos, pueden sonar mal o directamente ridículos, por sonido o por significado.

8. No es significativo, pero vale la pena tener presente que si el apellido es largo, los nombres cortos combinan mejor. En cambio si el apellido es corto, suenan mejor los nombres largos.

9. La tradición y costumbre de poner un segundo nombre va desapareciendo progresivamente. Si deciden ponerle un segundo nombre, verifiquen cómo suena con el primer nombre y con el apellido, y utilicen también todas las premisas que aquí les ofrecemos para su correcta elección.

Estructura del libro

Este libro contiene:

- 2200 nombres masculinos y femeninos, ordenados alfabéticamente, con sus respectivos orígenes y significados.

- Las variaciones más importantes de cada nombre.

- Los nombres incluidos en el Santoral y el santo principal de cada día del año.

- Un capítulo dedicado a los bebés, los niños y los signos del Zodíaco.

- Un apéndice con nombres de origen mapuche no tan conocidos.

Un nombre para mi bebé le brindará a los padres toda la información y los consejos necesarios para encontrar el nombre para su bebé. También podrá ser de utilidad para aquellos que quieran saber el significado y origen de sus propios nombres.

Darle nombre a un nuevo ser

Momento único, maravilloso, irrepetible, que merece recordarse. Tal vez un día, nuestro hijo preguntará cómo elegimos su nombre.

NUESTRO PRIMER HIJO

Éstos son los nombres que pensamos para ti:

....
....
....
....
....
....
....
....
....
....

Y finalmente, con todo nuestro amor, decidimos que te llamarás...

NUESTRO SEGUNDO HIJO

Éstos son los nombres que pensamos para ti:

....

....

....

....

....

....

....

....

....

....

Y finalmente, con todo nuestro amor, decidimos que te llamarás..

NUESTRO TERCER HIJO

Éstos son los nombres que pensamos para ti:

....

....

....

....

....

....

....

....

....

....

Y finalmente, con todo nuestro amor, decidimos que te llamarás..

NUESTRO CUARTO HIJO

Éstos son los nombres que pensamos para ti:

....

....

....

....

....

....

....

....

....

....

Y finalmente, con todo nuestro amor, decidimos que te llamarás...

NOMBRES MASCULINOS

A

Aarón (Egipcio). El iluminado, el montañés.

Abdallah (Árabe). Aquel que sirve a Dios.

Abdas (Hebreo). Siervo de Dios.

Abdías (Hebreo). El siervo de Dios.

Abdo. Variante de Abdón.

Abdón (Hebreo). Que es muy servicial.

Abdul (Árabe). El hijo de Dios.

Abel (Asirio). El hijo.

Abelardo (Francés). El que se parece a la abeja.

Abercio (Griego). El primer hijo.

Abisai (Hebreo). El padre Dios.

Abner (Hebreo). El padre de la luz.

Abraham (Hebreo). El padre sublime.

Abril (Latino). Segundo mes del calendario romano. Forma femenina: Abril.

Absalón o Absolón (Hebreo). El padre de la paz.

Abundancio (Latino). Abundante.

Acacio (Griego). El que es hombre honrado.

Acisclo (Latino). El picapedrero.

Acursio (Latino). El que se encamina hacia Dios.

Adalberto (Germano). Que desciende de una noble estirpe.

Adalgiso (Germano). La lanza de la nobleza. Forma femenina: Adalgisa.

Adam. Variante de Adán.

Adán (Hebreo). El que está hecho con tierra roja. El primer hombre.

Adaucto (Latino). Del latín "adauctus", aumento.

Adelardo (Germano). El príncipe audaz.

Adelfo (Griego). El amigo fraterno.

Adelino. Variante de Adelardo. Forma femenina: Adelina.

Adelio (Germano). El padre del príncipe audaz.

Adelmar (Germano). Famoso por la nobleza de su estirpe.

Adelmo (Germano). El que protege a los indefensos.

Adelqui. Castellanización de *Adel-chi,* forma italiana de *Adal-gi-so.*

Ademar. Variante de Adhemar.

Adhemar (Germano). Aquel que es ilustre por sus luchas.

Adiel (Hebreo). Vestido por Dios.

Adolfo (Germano). El guerrero noble.

Adonaí (Hebreo). Mi señor. Nombre hebreo de Dios.

Adonis (Griego). El más hermoso de los hombres.

Adrián (Latino). El que proviene de Adria, antigua ciudad de Italia. Forma femenina: Adriana.

Adriano. Variante de Adrián.

Adriel (Hebreo). Que pertenece a la grey de Dios.

Afrodisio (Griego). De espuma.

Agamenón (Griego). El hombre de voluntad firme.

Agapito (Griego). El amado.

Agaton (Griego). Bueno.

Agnelo (Latino). Referente al cordero de Dios.

Agenor (Griego). El hombre varonil.

Agesilao (Griego). El conductor de los pueblos.

Agustín. Diminutivo de Augusto. Forma femenina: Agustina.

Aitor (Vasco). Padre noble. Patriarca de los antiguos vascos.

Aladino (Árabe). El de máxima sabiduría.

Alan (Celta). Armonía.

Alarico (Germano). Poderoso y noble.

Albano (Germano). Resplandeciente y blanco como la aurora. Forma femenina: Albana.

Alberto (Germano). Que ilumina por su nobleza. Forma femenina: Albertina.

Albino (Latino). Que tiene la cara blanca. Forma femenina: Albina.

Alceo (Griego). Hombre fuerte.

Alcibíades (Griego). Hombre fuerte y violento.

Alcides (Griego). El hombre vigoroso.

Alcuino (Germano). El amigo del templo.

Aldo (Germano). El noble con experiencia. Forma femenina: Alda.

Alejandro (Griego). El protector de los hombres. Forma femenina: Alejandra.

Alejo. Variante de Alejandro.

Alex. Diminutivo de Alexis y éste a su vez variante de Alejandro.

Alexander. Forma inglesa de Alejandro.

Alexis. Variante de Alejandro. Forma femenina: Alexia.

Alfeo (Griego). Hijo del océano.

Alfio (Griego). De cara blanca.

Alfonso (Germano). Que está siempre listo para el combate. Forma femenina: Alfonsina.

Alfredo (Germano). El noble pacificador.

Alí (Árabe). El sublime.

Alonso. Variante de Alfonso.

Alterio (Griego). El de buen porvenir.

Alvar (Germano). Variante de Álvaro.

Álvaro (Germano). Hombre prevenido.

Amadeo (Latino). Aquel que ama a Dios.

Amadís (Latino). El gran amor.

Amado (Latino). El que es amado.

Amador (Latino). Aquel que ama.

Amalio (Germano). El hombre sin preocupaciones Forma femenina: Amalia.

Amancio (Latino). Que ama a Dios.

Amando (Latino). El amado por todos. Forma femenina: Amanda.

Amandio. Variante de Amancio.

Amaranto (Griego). El que no envejece. Forma femenina: Amaranta.

Amaro (Latino). Del latín "maurus", moro, el de tez morena.

Amaru (Quechua). La serpiente sagrada. Forma femenina: Amaru. *Este nombre debe estar acompañado por otro nombre para indicar con claridad el sexo de la persona.*

Ambrosio (Griego). El inmortal. Forma femenina: Ambrosia.

Américo (Germano). El príncipe valiente. Forma femenina: América.

Amiel (Hebreo). Dios es mi pueblo.

Amílcar (Fenicio). Aquel que gobierna la ciudad.

Amín (Árabe). Hombre fiel. Forma femenina: Amina.

Amintor (Griego). El que protege.

Amón (Hebreo). El constructor.

Amos (Hebreo). Hombre robusto.

Ampelio (Griego). El que cultiva la vid.

Anacario (Griego). El que posee gracia.

Anacleto (Griego). El que es llamado o invocado.

Ananías (Hebreo). Que tiene la gracia de Dios.

Anastasio (Griego). Aquel que resucitó. Forma femenina: Anastasia.

Anatolio (Griego). El oriental.

Anaxágoras (Griego). El primero, el príncipe.

Andrea. Forma italiana de Andrés.

Andrés (Griego). Hombre fuerte y varonil. Forma femenina: Andrea.

Androcles (Griego). Hombre lleno de gloria.

Andrónico (Griego). El victorioso.

Anfión (Griego). Personaje de la mitología, hijo de Zeus y Antiope.

Ángel (Griego). Enviado de Dios. Forma femenina: Ángela.

Angilberto (Germano). Que brilla por el poder de Dios.

Aniano (Griego). El afligido. Forma femenina: Ania.

Aníbal (Fenicio). Que posee la gracia de Dios.

Aniceto (Griego). El invencible.

Anselmo (Germano). El protegido de Dios.

Antelmo (Germano). El que protege a la patria.

Antenor (Griego). El guerrero.

Antíoco (Griego). El hombre que se opone.

Antipas (Griego). El hombre que está en contra de todos los demás.

Antón. Apócope de Antonio.

Antonio (Griego). El que florece. Forma femenina: Antonia.

Antonino. Diminutivo de Antonio.

Aparicio (Latino). Aquel que se aparece.

Apeles (Griego). El que aconseja al pueblo.

Apolo (Griego). Que tiene poder para curar.

Apuleyo (Latino). Del latín "Apuleius", nombre romano.

Aquiles (Griego). Que consuela el dolor de los afligidos.

Aquilino (Latino). Agudo como el águila.

Aram (Hebreo). Sobrenombre de los arameos.

Aramís. Variante de Aram.

Arcadio (Griego). Que nació en la ciudad griega de Arcadia. Forma femenina: Arcadia.

Arcángel (Griego). El príncipe de los ángeles. Forma femenina: Arcángela.

Archibaldo (Germano). El intrépido.

Arduino (Germano). Amigo valiente.

Aretas (Árabe). El forjador.

Argentino (Latino). Que resplandece como la plata. Forma femenina: Argentina.

Argeo (Griego). Rey griego.

Argimiro (Germano). El guerrero noble.

Ariel (Hebreo). El león de Dios. Forma femenina: Ariela.

Aristeo (Griego). El que se destaca.

Arístides (Griego). El mejor de todos.

Aristóbulo (Griego). El que brinda el mejor consejo.

Aristóteles (Griego). De nobles propósitos.

Armando (Germano). El hombre fuerte. Forma femenina: Armanda.

Armentario (Latino). El pastor. Forma femenina: Armentaria.

Arnaldo (Germano). Que vigila desde las alturas.

Arnoldo. Variante de Arnaldo.

Arnulfo (Germano). Fuerte y veloz como el águila.

Arquelao (Griego). El que gobierna.

Arquímedes (Griego). El hombre de gran inspiración.

Arquipo (Griego). El que domina a los caballos.

Arsenio (Griego). El hombre vigoroso.

Artemio (Griego). El hombre íntegro.

Arturo (Celta). El guardián de las estrellas.

Ary. Abreviatura de Aristóteles.

Asaf (Hebreo). El elegido de Dios.

Asdrúbal (Fenicio). Protegido de Dios.

Aser (Hebreo). Nombre de uno de los hijos de Jacob.

Astolfo (Germano). Que ayuda a los demás.

Atahualpa (Quechua). Pájaro de la fortuna.

Atanasio (Griego). El longevo.

Atenodoro (Griego). El que regala sabiduría.

Athos (Griego). Proveniente de Athos, montaña de Grecia.

Atila (Germano). El jefe del pueblo.

Atilano. Variante latina de Atila.

Atilio (Latino). El rengo.

Auberto (Francés). De Alberto.

Auda (Latino). El hombre audaz. Forma femenina: Auda. *Este nombre debe estar acompañado por otro nombre para indicar con claridad el sexo de la persona.*

Augusto (Latino). El venerado.

Aureliano. Variante de Aurelio.

Aurelio (Latino). Aquel que tiene el brillo del oro. Forma femenina: Aurelia.

Auxilio (Latino). El que salva.

Avelino (Latino). El que viene de Abella, antigua ciudad de Italia.

Axel. Variante sueca de Absalón.

Ayax (Griego). El valiente.

Azarías (Hebreo). Que tiene la fuerza de Dios.

Azrael (Hebreo). La ayuda de Dios.

Azariel (Hebreo). El que reina sobre las aguas.

Azul (Persa). Del color del cielo. Forma femenina: Azul.

B

Baal (Caldeo). El señor de su territorio.

Baco (Griego). El que produce alboroto.

Balaam (Hebreo). Señor de su pueblo.

Balbino (Latino). El tartamudo. Forma femenina: Balbina.

Balbo (Latino). El que no habla bien.

Baldomero (Germano). El incansable luchador.

Baidovino (Germano). El amigo intrépido.

Baiduino (Germano). El que es amigo extremadamente valiente.

Balduino (Germano). El amigo valiente.

Balearas (Asirio). Protegido de Dios.

Barlaam (Hebreo). El protegido de Dios.

Bartolomé (Hebreo). El hijo abundante en surcos.

Baruch (Hebreo). El bendecido por Dios. Equivalente a Benito.

Baruj. Variante gráfica de Baruch.

Basiano (Griego). El de agudo juicio.

Basilio (Griego). El que es rey y gobierna.

Baudilio (Germano). El conductor a la victoria final. Forma femenina: Baudilia.

Beda (Germano). Aquel que obliga.

Belarmino (Germano). El de bella armadura.

Belén (Hebreo). Casa del pan. *Este nombre debe estar acompañado por otro nombre para indicar con claridad el sexo de la persona.*

Belisario (Griego). Aquel que dispara las flechas con gran arte.

Belmiro (Germano). El guerrero ilustre.

Beltrán (Germano). El del escudo refulgente.

Ben (Árabe). Hijo.

Benedicto (Latino). Bendecido por Dios. Forma femenina: Benedicta.

Benigno (Latino). Aquel que es pródigo. Forma femenina: Benigna.

Benildo (Germano). Lucha con los osos. Forma femenina: Benilda.

Benito. Variante de Benedicto.

Benjamín (Hebreo). El hijo dilecto.

Berardo (Germano). De "Bernardo".

Berengario (Germano). Aquel que mata osos con su lanza.

Bernabé (Hebreo). Hijo de la profecía.

Bernardino. Diminutivo de Bernardo.

Bernardo (Germano). Audaz como un oso.

Bertoldo (Germano). Jefe espléndido.

Bertrán (Germano). Cuervo fulgurante.

Bertulfo (Germano). El guerrero destacado.

Besarion (Griego). El caminante.

Bienvenido (Latino). Al que se recibe con alegría.

Bladimiro (Eslavo). Príncipe de la paz.

Blandino (Latino). El que es homenajeado.

Blas (Griego). Aquel de habla balbuceante.

Boecio (Griego). El que se presenta a la batalla.

Bonifacio (Latino). El que siempre hace el bien.

Boris (Eslavo). Oso grande.

Braulio (Germano). Hombre resplandeciente.

Brian (Celta). El fuerte.

Bricio (Celta). La fuerza.

Bruno (Latino). Aquel de piel morena. Forma femenina: Bruna.

Buenaventura (Latino). El que es promesa de alegría.

Burcardo (Germano). El defensor, el que protege.

C

Cadmo (Hebreo). El que proviene del Este.

Caifás (Asirio). De pocas luces.

Caín (Hebreo). El que forjó su lanza.

Caleb (Hebreo). El perro guardián de Dios.

Calígula (Latino). Aquel que usa *cáligas* (las sandalias de los soldados romanos).

Calímaco (Griego). El gran luchador.

Calixto (Griego). El mejor y más hermoso de todos.

Calocero (Latino). Variante de Calógero.

Calógero (Griego). El sabio hermoso.

Camilo (Latino). El ministro de Dios. Forma femenina: Camila.

Canaán (Hebreo). El humilde.

Cándido (Latino). Aquel que es puro. Forma femenina: Cándida.

Canuto (Germano). Que desciende de noble estirpe.

Carlomagno (Latino). El gran Carlos.

Carlos (Germano). El varón viril. Forma femenina: Carla.

Carmelo (Hebreo). El jardín florido. Forma femenina: Carmela.

Carpo (Griego). Fruto precioso.

Casandro (Griego). El hermano del héroe. Forma femenina: Casandra.

Casiano (Latino). Protegido por un yelmo. Forma femenina: Casiana.

Casildo (Árabe). El lancero joven. Forma femenina: Casilda.

Casimiro (Eslavo). El que predica la paz.

Casio. Variante de Casiano.

Casiodoro (Griego). El regalo del amigo.

Cástor (Griego). El castor.

Cataldo (Germano). Que se destaca en la guerra.

Catón (Latino). El ingenioso.

Cátulo. Variante de Catón.

Cayetano (Latino). Que proviene de Gaeta, ciudad del Lacio (región de Italia). Forma femenina: Cayetana.

Cecilio (Latino). El pequeño ciego. Forma femenina: Cecilia.

Ceferino (Griego). Que es como el viento.

Celedonio (Latino). Aquel que es como una golondrina. Forma femenina: Celedonia.

Celestino (Latino). El que vive en el mundo celestial.

Celio. Variante de Celestino. Forma femenina: Celia.

Celso (Latino). El que proviene de lo más alto. Forma femenina: Celsa.

Cenobio (Latino). Del latón "Coenobius".

César (Latino). De cabellera larga y abundante.

Cesario. Variante de César.

Cicerón (Latino). El que siembra garbanzos.

Cid (Árabe). El Señor.

Cipriano (Griego). El consagrado a la diosa Venus.

Ciriaco (Griego). Aquel que pertenece a Dios.

Cirilo. Diminutivo de Ciro.

Cirineo (Griego). Originario de Cirene, antigua ciudad de la provincia de Cirenaica, actual Libia. Forma femenina: Cirinea.

Ciro (Griego). El gran Señor.

Citino (Latino). El que actúa rápido.

Christian. Variante gráfica de Cristián.

Claudio (Latino). El tullido, el rengo. Forma femenina: Claudia.

Claus. Variante de Claudio.

Clemente (Latino). El que siente compasión. Forma femenina: Clemencia.

Cleofás (Griego). La gloria del Padre.

Clímaco (Griego). El que asciende.

Clodoaldo (Germano). El gran capitán.

Clodomiro (Germano). El capitán glorioso.

Clodoveo (Germano). El combatiente glorioso.

Clodulfo (Germano). El que tiene gloria.

Clorindo (Griego). El que es como la hierba verde. Forma femenina: Clorinda.

Cono (Mapuche). Paloma torcaz.

Conrado (Germano). El consejero valiente y audaz.

Constancio (Latino). El constante. Forma femenina: Constancia.

Constantino (Latino). Diminutivo de Constancio. El que es firme y perseverante.

Contardo (Germano). El que es audaz y valiente.

Coriolano (Latino). El conquistador

Cornelio (Latino). El que convoca a la batalla con un cuerno. Forma femenina: Cornelia.

Cosme (Griego). El que usa adornos.

Crescencio (Latino). El que crece en la virtud.

Crisanto (Griego). Flor áurea.

Crisipo (Griego). Equino dorado.

Crisóforo (Griego). Aquel que transporta oro.

Crisógono (Griego). El que engendra riqueza.

Crisólogo (Griego). El valioso consejero.

Crisóstomo (Griego). Que brinda buenos consejos.

Crispín (Latino). De cabellos enrulados.

Críspulo. Variante de Crispín.

Cristián (Latino). El cristiano.

Cristóbal (Griego). Aquel que lleva a Cristo.

Cruz (Latino). Símbolo de sacrificio. Nombre que alude a la crucifixión de Jesucristo. Forma femenina: Cruz. *Este nombre debe estar acompañado por otro nombre para indicar con claridad el sexo de la persona.*

Cuasimodo (Latino). Aquel que es como un niño.

Cunibaldo (Germano). De cuna noble.

Cupido (Latino). Dios romano del amor.

Custodio (Latino). El ángel guardián.

Cutberto (Anglosajón). El que brilla.

D

Dacio (Latino). Originario de Dacia, antigua región (hoy parte de Rumania). que perteneció al Imperio Romano. Forma femenina: Dacia.

Dagoberto (Germano). Que resplandece como el sol.

Dalmacio (Latino). Originario de Dalmacia, región de los Balcanes. Forma femenina: Dalmacia.

Dalmiro (Germano). De ilustre linaje. Forma femenina: Dalmira.

Dámaso (Griego). El domador habilidoso. Forma femenina: Damasia.

Damián (Griego). Surgido del pueblo.

Damocles (Griego). El que llena de gloria a su pueblo.

Dan (Hebreo). El juez.

Daniel (Hebreo). Su Dios es el juez. Forma femenina: Daniela.

Danilo. Variante serviocroata de Daniel.

Dante (Latino). De recio carácter.

Dardo (Griego). El astuto y hábil.

Darío (Persa). Aquel que protege contra el mal. Forma femenina: Daría.

Dativo (Latino). El tutor.

Dato (Latino). Del latín "Datus", el dado.

David (Hebreo). Amado por Dios.

de Dios

de Luján

de la Cruz

de la Paz

del Carmen

del Corazón de Jesús

del Milagro

del Rosario

del Sagrado Corazón de Jesús

del Valle de la Cruz

Nombres que deben ir precedidos por otro nombre que clarifica el sexo de la persona. Ejemplo: Juan de Dios.

Decio. Variante gráfica de Dacio.

Dédalo (Griego). El hábil artista.

Deicola (Latino). El que cultiva a Dios.

Delfín (Latino). Aquel que es juguetón. Forma femenina: Delfina.

Demetrio (Griego). Alusivo a Démeter, diosa griega de la tierra y de las cosechas. Forma femenina: Demetria.

Demián. Variante gráfica de Damián.

Demócrito (Griego). Juez de su pueblo.

Demóstenes (Griego). El dominador del pueblo.

Denis. Forma francesa de Dionisio. Forma femenina: Denise.

Deodato (Latino). El que se entrega a Dios.

Desiderio (Latino). El deseado.

Didier. Forma francesa de Desiderio.

Didio (Latino). Al que Dios concedió su gracia.

Diego (Griego). Variante de Santiago y éste a su vez de Jacobo.

Dimas (Griego). El compañero fiel.

Dimitri. Variante eslava de Demetrio.

Diocles (Griego). Gloria divina.

Diodoro (Griego). Poder de un dios.

Diógenes (Griego). Engendrado por Dios.

Diómedes (Griego). El que confía en la protección divina.

Dion (Griego). El consagrado.

Dionisio (Griego). De Dionisio, dios del vino en la mitología griega. El que se entrega, en la adversidad, a la protección de Dios. Forma femenina: Dionisia.

Dióscoro (Griego). El hijo de Zeus.

Diosdado (Latino). El que posee un don de Dios.

Domiciano. Variante de Domicio.

Domicio (Latino). El señor que genera admiración.

Domingo (Latino). Perteneciente al Señor. Equivalentes femeninos: Dominga, Dominica.

Donald (Anglosajón). Variante de Donaldo.

Donaldo (Celta). El que gobierna al mundo.

Donardo. Variante de Donaldo.

Donato (Latino). El don de Dios.

Doroteo (Griego). El regalo de Dios. Forma femenina: Dorotea.

Dositeo (Griego). El que es posesión de Dios.

Duilio (Latino). Aquel que está listo para ir al combate.

Dulce (Latino). Aquel que detenta dulzura. Equivalentes femeninos: Dulce, Dulcinea.

Dulcidio (Latino). El que es dulce y bondadoso.

E

Eadberto (Germano). El que posee riquezas.

Eberardo (Germano). El que es fuerte como el oso.

Ecio (Latino). El fuerte.

Edberto (Germano). El que brilla con su espada.

Edelmar. Variante de Adelmo.

Edelmiro (Germano). Célebre por su linaje. Forma femenina: Edelmira.

Edgar. Apócope de Edgardo.

Edgardo (Germano). El que defiende su territorio con la adarga (tipo de lanza). Forma femenina: Edgarda.

Edilio (Griego). Parecido a una estatua. Forma femenina: Edilia.

Edipo (Griego). El que tiene los pies hinchados.

Edmundo (Germano). El protector de sus bienes.

Eduardo (Germano). El guardián celoso de sus bienes. Forma femenina: Eduarda.

Efisio (Latino). Habitante de la ciudad de Efeso.

Efraín (Hebreo). El fructífero.

Efrén. Variante de Efraín.

Egberto (Germano). El que porta una espada.

Egidio (Griego). Aquel que porta un escudo con piel de cabra durante la batalla.

Egisto (Griego). Criado con leche de cabra.

Eladio (Griego). Proveniente de Grecia. Forma femenina: Eladia.

Elbio (Celta). El que viene de la montaña.

Eleazar (Hebreo). Aquel que siempre cuenta con el auxilio de Dios.

Elenio (Griego). Refulgente como el sol. Forma femenina: Elena.

Eleodoro (Griego). El que proviene del sol. Forma femenina: Eleodora.

Eleuterio (Griego). El libre y honesto.

Elí (Hebreo). El sublime.

Elías (Hebreo). Dios me domina.

Elido (Griego). Nombre proveniente de *Elida,* región de Grecia. Forma femenina: Elida.

Eliezer. Variante de Eleazar.

Eligio (Latino). El elegido por Dios.

Eli (Hebreo). El que cree que Dios es grande.

Elio (Griego). Es como el sol.

Elisandro Variante de Lisandro.

Eliseo (Hebreo). Dios guarda mi salud. Forma femenina: Elisea.

Elmer. Variante de Edelmiro.

Elmo. Contracción de Erasmo.

Eloy. Variante de Eligio.

Elpidio (Latino). Aquel que tiene esperanza. Forma femenina: Elpidia.

Eluney (Mapuche). Regalo.

Elvio (Latino). Rubio. Forma femenina: Elvia.

Emanuel. Variante de Manuel.

Emerio (Latino). Aquel que es recompensado por Dios.

Emeterio (Griego). Digno de recibir amor.

Emiliano. Variante de Emilio.

Emilio (Latino). El esforzado trabajador. Forma femenina: Emilia.

Emir (Árabe). Comandante, jefe.

Emmanuel. Variante gráfica de Emanuel y éste a su vez de Manuel.

Eneas (Griego). El que vino al mundo para ser alabado.

Engelberto (Germano). El que brilla.

Enoch (Hebreo). Consagrado a Dios.

Enrico. Variante de Enrique. Forma femenina: Enrica.

Enrique (Germano). El príncipe del hogar.

Enzo (Latino). Forma italiana de Heinz, apócope de Heinrich, forma alemana de Enrique.

Epicteto (Griego). El que fue adquirido recientemente.

Epicuro (Griego). Que socorre a los demás.

Epifanio (Griego). Relacionado con la epifanía (manifestación). Forma femenina: Epifanía.

Erardo (Germano). Aquel que es objeto de homenaje.

Erasmo (Griego). El que es amable con todos.

Eric. Apócope de Erico.

Erico (Germano). El que reina para siempre. Forma femenina: Erica.

Ernesto (Germano). El que lucha para vencer, sin dudar. Forma femenina: Ernestina.

Eros (Griego). Amor.

Erwin (Germano). Consecuente con los honores recibidos. Forma femenina: Ervina.

Esaú (Hebreo). De cabellera abundante.

Esculapio (Griego). El médico.

Esdras (Hebreo). La ayuda, el socorro.

Esopo (Griego). Que da buena suerte.

Espartaco (Griego). El sembrador.

Estanislao (Eslavo). La gloria de su pueblo.

Esteban (Griego). Coronado por la victoria. Forma femenina: Estefanía.

Eterio (Griego). Limpio como el cielo.

Eudoxio (Griego). El de buenos pensamientos.

Eufemio (Griego). El que goza de buena reputación.

Eufrasio (Griego)

Eugenio (Griego). Noble de nacimiento Forma femenina: Eugenia.

Eulalio (Griego). El que posee gran elocuencia. Forma femenina: Eulalia.

Eulogio (Griego). El gran orador. Forma femenina: Eulogia.

Eurico. Variante de Erico.

Eusebio (Griego). El piadoso. Forma femenina: Eusebia.

Eustacio (Griego). Que es sano y fuerte.

Eustaquio (Griego). Poseedor de las espigas de trigo.

Eustasio. Variante de Eustacio.

Evando (Griego). El hombre bueno.

Evangelino (Griego). El portador de la buena nueva (evangelio). Forma femenina: Evangelina.

Evaristo (Griego). El hombre excelente.

Evelio (Griego). El alegre. Forma femenina: Evelia.

Everardo (Germano). El que es fuerte y astuto como el jabalí.

Exequiel. Variante de Ezequiel.

Expedito (Latino). El que es libre.

Exuperancio (Latino). El que sobresale.

Ezequiel (Hebreo). Que posee la fuerza de Dios.

Ezio (Latino). De nariz aguileña.

Ezra (Hebreo). Variante de Esdras.

F

Fabián. Variante de Fabio. Forma femenina: Fabiana.

Fabio (Latino). El que cultiva habas. Forma femenina: Fabia.

Fabricio (Latino). Hijo del artesano.

Facundo (Latino). El que es elocuente y convincente.

Fadrique (Germano). El que trabaja para la paz.

Falco (Latino). Aquel que ve de lejos.

Fantino (Latino). El inocente.

Faraón (Egipcio). Habitante del gran palacio.

Farid (Árabe). El inigualable, el único.

Faustino (Latino). Variante de Fausto.

Fausto (Latino). Bendecido por la suerte.

Favio. Variante de Fabio.

Febo (Griego). Que brilla como el sol. Forma femenina: Febe.

Federico (Germano). Aquel que gobierna para la paz. Forma femenina: Federica.

Fedor. Variante eslava de Teodoro. Forma femenina: Fedora.

Fedro (Griego). El espléndido. Forma femenina: Fedra.

Feliciano (Latino). Dichoso y afortunado.

Felipe (Griego). El amigo de los caballos.

Felisardo (Latino). El hombre valiente y diestro.

Félix (Latino). Dichoso y agraciado por la fortuna. Forma femenina: Felicia.

Fermín (Latino). El que es constante en la fe del Señor.

Fernán. Apócope de Fernando.

Fernando (Germano). Guerrero audaz. Forma femenina: Fernanda.

Fiacro (Latino). El soldado, el combatiente.

Fidel (Latino). El amigo fiel. Forma femenina: Fidela.

Filadelfo (Griego). Aquel que ama a sus hermanos.

Fileas (Griego). Aquel que ama intensamente.

Filadelfo (Griego). El que ama a sus hermanos.

Filemón (Griego). El de buen carácter.

Filiberto (Germano). El brillante.

Firmo (Latino). El que es firme físicamente y mentalmente.

Flaminio (Latino). El que pertenece a la clase sacerdotal. Forma femenina: Flaminia.

Flavio (Latino). Aquel de rubia cabellera. Forma femenina: Flavia.

Floreal (Latino). Alusivo al octavo mes del calendario (del 20 de abril al 19 de mayo), instaurado por la Revolución Francesa.

Florencio (Latino). El floreciente. Forma femenina: Florencia.

Florentino. Variante de Florencio.

Florestano. Variante de Florencio.

Florián. Variante de Floro.

Florio. Variante de Floro.

Floro (Latino). El que brota y crece con vitalidad. Forma femenina: Flora.

Focio (Latino). El iluminado, el resplandeciente.

Fortunato (Latino). El afortunado. Forma femenina: Fortunata.

Francisco (Latino). Aquel que lleva la lanza en la batalla. Forma femenina: Francisca.

Franco (Germano). Hombre libre.

Frank. Hipocorístico de Francisco.

Franklin. Variante de Franco.

Fridolino (Germano). El que ama la paz.

Froilán (Germano). Amo y señor.

Fructuoso (Latino). El hombre bondadoso.

Frumencio (Latino). Abundante.

Fulberto (Germano). El que brilla.

Fulgencio (Latino). Aquel que resplandece por su bondad.

Fulvio (Latino). De cabellera roja. Forma femenina: Fulvia.

G

Gabino (Latino). Proveniente de Gabio, antigua ciudad cerca de Roma, donde según la leyenda fue criado Rómulo. Forma femenina: Gabina.

Gabriel (Hebreo). El que tiene la fuerza y el poder de Dios. Forma femenina: Gabriela.

Gadiel (Hebreo). Fortuna divina

Galeno (Griego). De vida pacífica y serena.

Galileo (Hebreo). Nacido en Galilea, región de Israel cuya ciudad principal es Nazaret.

Galo (Latino). Oriundo de la Galia, territorio que abarcaba Francia, parte de los Países Bajos y Alemania. Forma femenina: Gala.

Gamal (Hebreo). El Señor lo recompensa.

Gamaliel. Variante de Gamal.

Gamelberto (Germano). El que es ilustre por su vejez.

Gandolfo (Germano). Guerrero valiente.

Garibaldi (Italiano). Referido al militar Italiano y héroe nacional.

García (Vasco). El oso de la llanura.

Garcilaso. Variante de García.

Garibaldo (Germano). El que es audaz y hábil con la lanza.

Gaspar (Persa). El custodio de los bienes de Dios.

Gastón (Germano). El huésped que trae un anuncio.

Gaudencio (Latino). Aquel que vive con alegría.

Gausberto (Germano). El que resplandece.

Gedeón (Hebreo). El que quiebra y fractura las cosas.

Gelasio (Griego). El risueño.

Gemelo (Latino). El mellizo.

Genaro. Variante gráfica de Jenaro.

Generoso (Latino). Ilustre, noble.

Geraldo. Variante de Gerardo. Forma femenina: Geraldina.

Gerardo (Germano). Aquel que es audaz con su lanza.

Gerbrando (Germano). Espada.

Germán (Latino). Hombre de la lanza.

Gerónimo (Griego). Hombre sagrado.

Gerson (Hebreo). El que peregrina.

Gervasio (Griego). El poderoso lancero.

Gesualdo (Germano). El prisionero del rey.

Getulio (Latino). Proveniente de Getulia, antigua zona del norte de África.

Gétulo (Latino). Vencedor de los gétulos, tribu de una antigua zona del norte de África.

Gian (Italiano). Variante de Juan.

Giancarlo (Italiano). Variante de Juan Carlos.

Gianfranco (Italiano). Variante de Juan Franco.

Gianluca (Italiano). Variante de Juan Lucas.

Gianni (Italiano). Apócope de Giovanni, Juan.

Gil. Derivado de Egidio.

Gildo (Italiano). Apócope de Hermenegildo.

Gilberto (Germano). Buen arquero. Forma femenina: Gilberta.

Gines (Griego). El que protege a los suyos.

Giordano (Italiano). Variante de Jordán. Forma femenina: Giordana.

Giovanni (Italiano). Juan. Forma femenina: Juana.

Glauco (Griego). Dios del mar.

Goderico (Germano). El que detenta el poder de Dios.

Godofredo (Germano). El que posee la paz de Dios.

Goliat (Hebreo). Peregrino.

Gonzalo (Latino). El genio del combate.

Gordio (Griego). Rey legendario de Frigia, antigua región del Asia Menor.

Gorgonio (Griego). El violento.

Gosvino (Germano). El amigo de Dios.

Gotardo (Germano). El que es valiente por Dios.

Graciano (Latino). El hombre agradable. Forma femenina: Graciana.

Grato (Latino). Variante de Graciano.

Gregorio (Griego). El vigía de su pueblo. Forma femenina: Gregorina.

Grimaldo (Germano). El que detenta el poder de su casco.

Gualberto (Germano). Variante de Walberto.

Gualterio (Germano). Comandante del ejército.

Guido (Germano). El que conoce los senderos.

Guillermo (Germano). El protector firme. Forma femenina: Guillermina.

Gumersindo (Germano). Hombre magnífico.

Gundelberto (Germano). El que brilla en la batalla.

Guntero (Germano). El gran guerrero.

Gustavo (Germano). El bastón de la batalla.

Gutierre (Germano). El ejército que comanda.

Guy. Variante de Guido.

Guzmán (Germano). El hombre apto para la guerra.

H

Habib (Árabe). Querido, amado.

Hadulfo (Germano). Lobo de la batalla.

Haman (Persa). Grande y supremo dignatario de la corte.

Haroldo (Germano). El caudillo que se impone.

Hassan (Árabe). El joven hermoso.

Heber (Hebreo). El que obtiene la alianza.

Heberto. Apócope de Heriberto.

Héctor (Griego). El protector y defensor sin par.

Helio (Griego). Semejante al Sol.

Heliodoro (Griego). Regalo del Sol.

Heliogábalo (Sirio). Aquel que idolatra al Sol.

Helvio. Variante gráfica de Elvio.

Henry (Anglosajón). Variante de Enrique.

Heráclito (Griego). Con inclinaciones hacia lo sagrado.

Heraldo (Germano). Rey de las armas.

Hércules (Griego). La gloria de Hera o Juno, la diosa.

Herculano (Latino). Perteneciente a Hércules.

Heriberto (Germano). Obtiene gloria para el ejército que comanda.

Hermán (Germano). El guerrero sabio.

Hermelindo (Germano). Escudo de fuerza. Forma femenina: Hermelinda.

Hermenegildo (Germano). Aquel que ofrece sacrificios a su Dios.

Hermes (Griego). El mensajero.

Herminio (Germano). Consagrado a Dios. Forma femenina: Herminia.

Hermógenes (Griego). El que desciende de Hermes.

Hernán (Germano). Variante de Fernando.

Hernando. Variante de Fernando.

Hernani (Vasco). La cima de la colina.

Herodes (Hebreo). Dragón de fuego.

Heródoto (Griego). Don sagrado.

Hervé (Bretón). Aquel de gran acción en la batalla.

Hesiquio (Griego). El tranquilo.

Higinio (Griego). Goza de buena salud.

Hilario (Latino). Aquel que es alegre. Forma femenina: Hilaria.

Hilarión (Latino). Alegre.

Hipólito (Griego). Aquel que apresta su caballo para ir al combate. Forma femenina: Hipólita.

Hiram (Hebreo). El hermano Dios es sublime.

Hiran. Variante de Hiram.

Homero (Griego). El ciego.

Honesto (Latino). Honorable, decoroso.

Honorato (Latino). Receptor de honores. Forma femenina: Honorata.

Honorio (Latino). El que merece los honores. Forma femenina: Honoria.

Horacio (Latino). Consagrado a las Horas (divinidades de la religión romana).

Hortensio (Latino). Aquel que ama su huerta. Forma femenina: Hortensia.

Hospicio (Latino). El que alberga.

Huberto (Germánico). De inteligencia aguda.

Huenu (Mapuche). Cielo.

Hugo (Germánico). De gran inteligencia y espíritu.

Humberto (Germánico). Poseedor de fama.

I

Ian. Variante de Juan.

Iago (Hebreo). El que suplantó al hermano.

Ibero (Latino). Aquel que habita en la península ibérica.

Icaro (Griego). El que trabaja la madera,

Idelfonso (Germano). Veloz para el combate.

Ignacio (Latino). El ardiente. Forma femenina: Ignacia.

Igor. Variante rusa de Gregorio.

Iluminado (Latino). El que recibe la inspiración de Dios.

Inca (Quechua). El principal.

Indalecio (Íbero). Semejante al maestro.

Inocencio (Latino). Sin mácula.

Inti (Aymará). El sol.

Iñaki .Variante vasca de Ignacio.

Iñigo. Variante de Ignacio.

Ion (Griego). El que camina.

Irineo (Griego). El pacífico. Forma femenina: Irene.

Isaac (Hebreo). Hijo de la alegría.

Iságoras (Griego). Aquel que es ecuánime.

Isaías (Hebreo). Dios es la salvación.

Isidoro (Griego). Regalo de Isis.

Isidro. Variante gráfica de Isidoro.

Ismael (Hebreo). Dios escucha.

Isócrates (Griego). El que puede tanto como el otro.

Israel (Hebreo). Aquel que dominó a Dios.

Italo (Latino). Aquel que vive en Italia.

Iván. Variante eslava de Juan. Forma femenina: Ivana.

Ives. Antiguo nombre Francés que se hizo popular por ser el nombre de un obispo de la ciudad de Chartres, Francia.

Ivo. Variante de Ives.

J

Jabel (Hebreo). Que fluye como el arroyo.

Jacinto (Griego). Hermoso como la flor. Forma femenina: Jacinta.

Jacob (Hebreo). El que suplantó a su hermano.

Jacobo. Variante de Jacob.

Jacques. Versión francesa de Santiago o Jacobo. Forma femenina: Jacqueline.

Jaime. Variante de Jacobo.

Jair. Apócope de Jairo.

Jairo (Hebreo). El iluminado.

Jalil (Árabe). El amigo.

Jano (Griego). El que brilla como el sol.

Jansenio (Hebreo). Variante de Juan.

Jasón (Griego). El que cura las enfermedades.

Javier (Vasco). Aquel que habita la casa nueva. Forma femenina: Javiera.

Jenaro (Latino). Consagrado al dios Jano. Forma femenina: Jenara.

Jenofonte (Griego). El extranjero elocuente.

Jeremías (Hebreo). El que exalta al Señor.

Jerónimo (Griego). De nombre sagrado.

Jesualdo (Hebreo). El que porta la lanza de comandante.

Jesús (Hebreo). El salvador. Forma femenina: Jesusa.

Jeuel (Hebreo). El tesoro de Dios.

Joab (Hebreo). Hijo del Señor.

Joan. Variante de Juan.

Joaquín (Hebreo). El que es sólido y estable.

Job (Hebreo). El perseguido.

Joel (Hebreo). Dios es su Señor.

Jonás (Hebreo). Sencillo como una paloma.

Jonatan (Hebreo). Don de Dios.

Jonathan. Variante gráfica de Jonatan.

Jordán (Hebreo). El que desciende.

Jorge (Griego). El que trabaja la tierra. Forma femenina: Jorgelina.

Josafat (Hebreo). El juicio de Dios.

José (Hebreo). Aquel al que Dios ayuda. Forma femenina: Josefa.

Josué (Hebreo). Dios es el protector.

Juan (Hebreo). El que posee la gracia de Dios.

Jucundo (Latino). El que da el gusto.

Juda o Judá (Hebreo). Patriarca bíblico, jefe de la tribu de ese nombre.

Judas (Hebreo). El que alaba a Dios.

Julián. Derivado de Julio. Forma femenina: Juliana.

Juliano. Derivado de Julián.

Julio (Latino). El de cabello ondulado. Forma femenina: Julia.

Justiniano (Latino). El joven que precisa consejos.

Justino. Diminutivo de Justo. Forma femenina: Justina.

Justo (Latino). Aquel que es recto. Forma femenina: Justa.

Juvenal (Latino). Aquel que es juvenil.

K

Kaled (Árabe). El inmortal.

Kalil (Árabe). El amigo.

Kevin (Irlandés). Hermoso nacimiento.

Khalil (Árabe). Variante de Kalil.

Kenneth (Inglés). Forma inglesa del nombre gaélico *Cinaed*.

Kiliano (Celta). Variante de Cecilio.

L

Laban (Hebreo). El inocente.

Lacoonte o Laocoonte (Griego). Que vela por su pueblo.

Ladislao (Eslavo). El hombre glorioso.

Laertes (Griego). El que reúne al pueblo.

Lahuen (Mapuche). Remedio.

Lamberto (Teutón). Renombrado en la ciudad.

Lancelot o Lanceloto (Francés). La lanza rota.

Landerico (Germano). Aquel que ejerce el poder entre los suyos.

Landelino (Germano). El que es amigo de la tierra.

Landolfo (Germano). Hábil como un lobo.

Lanfranco (Germano). Que es libre en su patria.

Lanzarote (Hispano). Variante de Lancelot.

Largo (Latino). Abundante, rico.

Lasagno (Latino). El que alborota.

Laureano (Latino). Vencedor coronado con el laurel de la victoria. Forma femenina: Laureana.

Lauro. Variante de Laureano o de Laurencio. Forma femenina: Laura.

Lautaro (Araucano). El que es veloz.

Lázaro (Hebreo). Que tiene la protección de Dios.

Leal (Hispano). Que es fiel.

Leandro (Griego). El hombre paciente. Forma femenina: Leandra.

Learco (Griego). El jefe de su pueblo.

Lelio (Latino). Que es locuaz. Forma femenina: Lelia.

Lemuel (Hebreo). Devoto de Dios.

Leo. Apócope de Leonardo y éste a su vez variante de León.

Leobardo (Germano). El más intrépido de su pueblo.

Leobino (Germano). El que es amigo del pueblo.

Leocadio (Griego). El que brilla por su blancura. Forma femenina: Leocadia.

Leodovaldo (Germano). Aquel que gobierna a su pueblo.

Leodegario (Germano). El que defiende al pueblo con la lanza.

Leofrido (Germano). El protector del pueblo.

León (Latino y Griego). Aquel que es bravo y audaz.

Leonardo. Variante de León.

Leonel (Griego). El pequeño león.

Leonelo. Variante de Leonel.

Leónidas. Variante de León.

Leónides. Variante gráfica de Leónidas y éste a su vez de León.

Leopoldo (Germano). Defensor de su pueblo.

Leuco (Griego). El luminoso.

Levi (Hebreo). Prenda de unión.

Líber (Latino). El magnánimo. Forma femenina: Líbera.

Liberal (Latino). El amante de la libertad.

Liberato. Variante de Liberal. Forma femenina: Liberata.

Liberio. Variante de Liberal.

Liberto. Variante de Liberal.

Libio (Latino). Nacido en un ligar árido.

Liborio (Latino). El que es natural de Líbor, nombre de varias antiguas ciudades de España y Portugal. Forma femenina: Liboria.

Licurgo (Griego). El que ahuyenta a los lobos.

Lindor (Latino). El seductor.

Lino (Latino). El que trabaja con el lino. Forma femenina: Lina.

Lisandro (Griego). El que libera.

Lisardo (Hebreo). El guerrero de Dios.

Lisístrato (Griego). El que está en el ejército libertador.

Livio (Latino). El de piel olivácea. Forma femenina: Livia.

Longinos (Griego). El que lleva la lanza.

Lope (Vasco). El torpe, tosco.

Lorenzo (Latino). El victorioso. Forma femenina: Lorenza.

Lot (Hebreo). El que tiene el rostro cubierto.

Lotario (Germano). El guerrero cubierto de gloria.

Loyola (Latino). El que tiene en su escudo un lobo.

Luano (Latino). El manantial.

Lucas (Latino). Resplandeciente como la luz.

Luciano. Variante de Lucio y éste a su vez de Lucas. Forma femenina: Luciana.

Lucio. Variante de Lucas.

Lucrecio (Latino). Nombre de una familia patriarcal de Roma. Forma femenina: Lucrecia.

Ludovico (Germano). El guerrero ilustre. Forma femenina: Ludovica.

Luis (Germano). El guerrero glorioso. Forma femenina: Luisa.

Lupo (Latino). El lobo.

Lutardo (Germano). El que es valiente en su pueblo.

M

Macabeo (Hebreo). ¿Quién es como tu Dios?

Macario (Griego). Bienaventurado. Forma femenina: Macaria.

Macedonio (Griego). El engrandecido por los triunfos.

Maciel (Latino). El delgado.

Madox (Celta). El que es ardiente.

Magín (Latino). El ingenioso.

Mahoma (Árabe). Digno de ser honrado y alabado.

Mainque (Mapuche). Cóndor.

Majencio (Latino). El famoso.

Malaquías (Hebreo). El emisario de Dios.

Malco (Hebreo). Que es como un rey.

Mamerto (Latino). Natural de Mamertium, antigua ciudad del sur de Italia.

Manasés (Hebreo). Que no tiene recuerdos.

Manfredo (Germano). El hombre pacífico.

Manlio (Latino). Que nació en la mañana.

Manrique (Germano). El hombre poderoso.

Manuel (Hebreo). Dios está con nosotros. Forma femenina: Manuela.

Manzur (Árabe). El triunfador.

Marceliano. Variante de Mercelo.

Marcelino (Latino). El que trabaja con el martillo.

Marcelo (Latino). Diminutivo de Marcos. Forma femenina: Marcela.

Marcial (Latino). Consagrado al dios Marte.

Marcio. Variante de Marcial.

Marco. Variante de Marcos.

Marcos (Latino). Combativo como el dios Marte.

María (Latino). El amado y elegido de Dios. Forma femenina: María. *Este nombre debe estar acompañado por otro nombre para indicar con claridad el sexo de la persona.*

Mariano (Latino). Derivado de María. Forma femenina: Mariana.

Marín. Variante de Marino.

Marino (Latino). Hombre del mar. Forma femenina: Marina.

Mario (Latino). El hombre viril.

Marón (Árabe). Santo varón.

Marsilio (Latino). Derivado de Marcos.

Martín (Latino). Guerrero combativo. Forma femenina: Martina.

Martiniano. Variante de Martín.

Martino. Variante de Martín. Forma femenina: Martina.

Mártir (Griego). El que da testimonio de fe.

Mateo (Hebreo). El don de Dios.

Matías. Variante de Mateo.

Matusalén (Hebreo). El varón de Dios.

Mauricio. Variante de Mauro.

Mauro (Latino). De tez morena.

Max. Apócope de Máximo.

Maximiano. Variante de Máximo.

Maximiliano (Latino). El varón más grande.

Máximo (Latino). El mayor de todos.

Medardo (Germano). El audaz en el poder.

Melanio (Griego). El de piel negra.

Melchor (Hebreo). Rey de la luz.

Melecio (Griego). El precavido.

Melibeo (Griego). Cuidador de los bueyes.

Melitón (Griego). El hombre dulce. Forma femenina: Melitona.

Melquíades (Hebreo). Rey de Dios.

Melquisedec (Hebreo). El rey es justo.

Menalipo (Griego). Vinculado a un caballo negro.

Menandro (Griego). Que permanece íntegro como hombre.

Menas (Griego). Relativo al mes.

Menebo o Menelao (Griego). Aquel que conduce al pueblo a la acción.

Menotti. En homenaje al mártir de la libertad italiana, Ciro Menotti, hijo de Garibaldi.

Mentor (Griego). El maestro.

Mercurio (Griego). Que se ocupa de los negocios.

Merulo (Latino). El que es fino como el mirlo.

Micael. Variante de Miguel. Forma femenina: Micaela.

Michel. Variante francesa de Miguel. Forma femenina: Michelle.

Midas (Griego). El hábil conductor.

Miguel (Hebreo). ¿Quién es como Dios? Forma femenina: Micaela.

Miles (Latino). El soldado.

Milton (Inglés). Nacido en el pueblo del molino.

Millán. Derivado de Emiliano y éste a su vez de Emilio.

Miqueas (Hebreo). Variante de Miguel.

Misael. Variante de Micael y éste a su vez de Miguel.

Modesto (Latino). El moderado. Forma femenina: Modesta.

Mohamed. Variante de Mahoma.

Moisés (Egipcio). El rescatado, el salvado.

Morfeo (Griego). Que hace tener visiones placenteras.

Mucio (Latino). El que sopora en silencio.

Munir (Árabe). Que es como una fuente de luz.

Mustafá (Turco). El elegido.

N

Nabor (Hebreo). Luz del profeta.

Nabucodonosor (Caldeo). Dios protege mi reinado.

Nadir (Árabe). El opuesto.

Nahuel (Mapuche). El tigre.

Nahum (Hebreo). Que consuela.

Naim (Árabe). De gran belleza.

Napoleón (Italiano). Nombre resultante de la fusión de los nombres Jacobo y León.

Narciso (Griego). Aquel que es reposado.

Narno (Latino). El que nació en Narnia.

Natal (Latino). Que nació en Navidad.

Natalio. Derivado de Natal. Forma femenina: Natalia.

Natán. Apócope de Natanael.

Natanael (Hebreo). Regalo de Dios.

Nataniel. Variante de Natanael.

Naval (Latino). El Dios de las naves.

Nazareno (Hebreo). El que nació en Nazaret. Forma femenina: Nazarena.

Nazaret (Hebreo). Brote florido. *Este nombre debe estar acompañado por otro nombre para indicar con claridad el sexo de la persona.*

Nebrido (Griego). El que es liviano.

Necao (Hebreo). Aquel que ruega.

Nectario (Griego). El que endulza la vida.

Neftalí (Hebreo). El hijo de Jacob. Forma femenina: Neftalí.

Nehemías (Hebreo). Dios es su consuelo.

Nehuen (Mapuche). El fuerte.

Nelson (Celta). El hijo de Neil.

Nemrod (Hebreo). Que es rebelde.

Nemesio (Griego). Que es justo. Forma femenina: Nemesia.

Nemorio (Latino). El que vive en el bosque.

Neón (Griego). El que es fuerte.

Nepomuceno (Eslavo). Aquel que ayuda.

Nepote (Latino). El que pertenece a la familia.

Neptuno (Griego). Dios del mar.

Nereo (Griego). El anciano del mar. Forma femenina: Nerea.

Neri (Latino). El hombre que anda en el mar.

Nerón (Latino). El intrépido.

Néstor (Griego). El que es recordado.

Nicandro (Griego). El vencedor de los hombres.

Nicanor (Griego). El victorioso.

Nicasio (Griego). El vencedor.

Niceas (Griego). El victorioso.

Nicéforo (Griego). El que lleva la victoria.

Nicodemo (Griego). El victorioso de su pueblo.

Nicolás (Griego). Que conduce a su pueblo a la victoria.

Nicomedes (Griego). El que prepara las victorias.

Nicóstrato (Griego). El ejército que vence.

Nilo (Egipcio). El regalo de Dios para vivir.

Nino (Caldeo). El que posee palacios.

Noé (Hebreo). El longevo.

Noel. Variante de Natalio y éste a su vez de Natal. Formas femeninas: Noel, Noelia.

Nolasco (Latino). El que parte y deja promesas de su retorno.

Nolberto (Germano). Variante de Norberto.

Norberto (Germano). Hombre famoso del Norte.

Norman (Germano). El hombre que proviene del Norte.

Normando. Variante de Norman.

Nostriano (Griego). El que es de nuestra patria.

Numa (Griego). Aquel que imparte reglas.

Nuncio (Latino). El que trae un mensaje.

O

Obdulio (Latino). Que mitiga las penas.

Obed (Hebreo). El esclavo de Dios.

Oberón (Germano). El duende de los bosques. Rey de los elfos en algunas leyendas medievales francesas.

Octaviano. Variante de Octavio.

Octavio (Latino). Que nació en octavo lugar. Forma femenina: Octavia.

Odeberto (Germano). El que brilla por sus posesiones.

Odilon (Germano). El que es rico y feliz.

Odín (Escandinavo). Guerrero todopoderoso.

Odo. Variante de Otón. Forma femenina: Oda.

Odoacro (Germano). Aquel que vela por su herencia.

Odón. Variante de Otón.

Odrán (Germano). El que está alerta.

Ofir (Hebreo). Aquel que es hombre feroz.

Olaf (Germano). El glorioso.

Olegario (Germano). Parecido al cielo.

Olindo (Germano). El protector de sus tierras. Forma femenina: Olinda.

Oliverio (Latino). El que trae la paz.

Omar (Árabe). Que tiene larga vida.

Onésimo (Griego). Aquel que es fecundo.

Onofre (Germano). El defensor de la paz.

Orangel (Griego). El mensajero de la montaña.

Orestes (Griego). Que habita en los montes.

Orfeo (Griego). Aquel de canto bello.

Orígenes (Griego). Que viene del sol.

Orión (Griego). Que trae las aguas.

Orlando. Variante de Rolando.

Oroncio (Persa). El que corre.

Orosco (Griego). Que vive en los montes.

Oscar (Germánico). La lanza de los dioses.

Oseas (Hebreo). Dios es mi ayuda.

Osías. Variante de Oseas.

Osiris (Egipcio). Aquel que es fértil.

Osmán (Árabe). Que es dócil como un pichón.

Osmar (Germano). Que brilla como la gloria de Dios.

Osmaro (Germano). Variante de Osmaro.

Osmundo (Germano). El protector.

Osvaldo (Germano). Proveniente del pueblo brillante.

Otelo. Variante de Otón.

Otón (Germano). El señor poderoso.

Otto. Variante de Otón.

Ovidio (Latino). Que cuida las ovejas. Forma femenina: Ovidia.

Owen (Galés). El joven guerrero.

P

Pablo (Latino). Aquel que es pequeño.

Pace (Latino). Del latín "Paz".

Paciente (Latino). Aquel que sabe esperar.

Pacífico (Latino). Que busca la paz.

Pafnucio (Griego). El que es rico en méritos.

Palatino (Latino). El que viene del monte.

Palomedes (Griego). Aquel que gobierna con sabiduría.

Palemón (Griego). El luchador.

Pancracio (Griego). El que es todopoderoso. Forma femenina: Pancracia.

Pánfilo (Griego). El amigo más amado. Forma femenina: Pánfila.

Pantaleón (Griego). El que detenta firmeza y valor.

Panteno (Griego). Aquel digno de toda alabanza.

Paolo. Variante de Pablo.

Paris (Griego). Aquel que sabe socorrer.

Parménides (Griego). El que es constante.

Pascacio. Variante de Pascual.

Pascual (Hebreo). Nacido durante la Pascua.

Pastor (Latino). Aquel que cuida ovejas. Forma femenina: Pastora.

Paterno (Latino). Que pertenece al padre.

Patricio (Latino). De noble linaje. Forma femenina: Patricia.

Patroclo (Griego). La gloria del padre.

Paul. Variante francesa de Pablo.

Paulino. Diminutivo de Paulo y éste a su vez variante de Pablo.

Paulo. Variante de Pablo.

Paz (Latino). Aquel que es sosiego. Forma femenina: Paz. *Este nombre debe estar acompañado por otro nombre para indicar con claridad el sexo de la persona.*

Pedro (Latino). Firme y duro como la roca. Forma femenina: Petra.

Pehuén (Mapuche). Araucaria, piñón. Árbol protector de la tribu.

Pelagio (Griego). Hombre de mar. Forma femenina: Pelagia.

Peleo (Griego). El que vive en el pantano.

Pepino (Griego). El amigo de los caballos.

Perceval o Percival o Parcifal (Celta). El guerrero del fuego.

Pericles (Griego). El glorioso gobernante.

Perseo (Griego). El devastador.

Petronio. Variante de Pedro.

Piero (Griego). El que es amado por las musas.

Pío (Latino). El piadoso. Forma femenina: Pía.

Pipino (Latino). El de pequeña estatura.

Pitágoras (Griego). Relativo a la reunión del pueblo en Delfos, en la Grecia antigua.

Plácido (Latino). El que es tranquilo, calmo.

Platón (Griego). El que posee espaldas anchas.

Plauto (Griego). El que posee pies planos.

Plinio (Latino). Que posee muchos dones.

Plutarco (Griego). El que posee muchas y diversas riquezas.

Polibio (Griego). Aquel de larga vida.

Policarpo (Griego). Aquel que produce abundantes frutos.

Polifemo (Griego). El famoso.

Polión (Griego). Aquel que protege.

Pompeo. Variante de Pompeyo.

Pompeyo (Griego). El que encabeza la procesión.

Potenciano (Latino). El que domina con su imperio.

Príamo (Griego). Aquel que es liberado.

Prilidiano (Griego). Que recuerda el pasado.

Primitivo (Latino). El que está en el primer lugar.

Primo (Latino). El primogénito.

Probo (Latino). El de buena moral.

Proclo (Latino). Cercano a la gloria.

Procopio (Griego). Aquel que prospera.

Prometeo (Griego). Que es semejante a Dios.

Próspero (Latino). El más afortunado.

Prudencio (Latino). Sensato y prudente. Forma femenina: Prudencia.

Publio (Latino). El que es popular.

Pudenciano (Latino). El honesto.

Q

Querubín (Hebreo). El becerro alado. Es un tipo de ángel en la Biblia. Forma femenina: Querubina.

Quillén (Mapuche). La lágrima.

Quimey (Mapuche). Hermoso.

Quintiliano (Latino). Variante de Quintilio.

Quintilio (Latino). Nacido en el quinto mes.

Quintín. Diminutivo de Quinto.

Quinto (Latino). Nacido en quinto lugar.

Quiríaco. Variante de Ciriaco.

Quirino (Latino). Aquel que posee la lanza. Forma femenina: Quirina.

R

Radamés (Nombre de origen seudoegipcio). Hijo de Ra (el Sol), deidad egipcia.

Rafael (Hebreo). Dios lo ha curado. Forma femenina: Rafaela.

Raimundo (Germano). Protector y sabio consejero.

Rainero (Germano). El consejero del pueblo.

Ramiro (Germano). Ilustre consejero.

Ramón. Variante de Raimundo.

Ramsés (Egipcio). Creado por el dios Ra (Sol).

Randolfo (Germano). El que posee el escudo del poder.

Raúl (Germano). Glorioso consejero.

Raulino. Diminutivo de Raúl.

Recaredo (Germano). El vengador.

Reginaldo (Germano). Aquel que gobierna por el consejo.

Régulo (Latino). Rey pequeño.

Reinaldo. Variante de Reginaldo.

Remigio (Latino). El eximio remero.

Renato (Latino). Aquel que nace a la gracia de Dios. Forma femenina: Renata.

René. Forma francesa de Renato.

Renzo. Variante de Lorenzo.

Reynaldo. Variante de Reginaldo.

Ricardo (Germano). El que es muy poderoso. Forma femenina: Ricarda.

Rigoberto (Germano). El príncipe resplandeciente.

Rinaldo. Variante italiana de Reginaldo.

Rizieri (Germano). El ejército poderoso.

Robertino. Diminutivo de Roberto.

Roberto (Germano). El que es famoso por su gloria. Forma femenina: Roberta.

Robinson (Inglés). El hijo de Robin.

Robustiano (Latino). Fuerte como un roble.

Rodolfo (Germano). El guerrero glorioso.

Rodrigo (Germano). El glorioso lancero.

Rogelio (Germano). Variante de Rodrigo.

Roger. Variante inglesa de Rodrigo o Rogelio.

Rolando o Roldán (Germano). Que proviene de un país glorioso.

Román (Latino). Originario de Roma. Forma femenina: Romana.

Romeo (Latino). Aquel que va hacia Roma.

Romildo (Germano). El héroe cubierto de gloria. Forma femenina: Romilda.

Romualdo (Germano). Rey glorioso.

Rómulo (Griego). El hombre vigoroso.

Ronán (Germano). El que es muy inteligente.

Roque (Latino). Fuerte como una roca.

Rosario (Latino). Guirnalda de rosas. Forma femenina: Rosario.
Este nombre debe estar acompañado por otro nombre para indicar con claridad el sexo de la persona.

Rosendo (Germano). El majestuoso señor. Forma femenina: Rosenda.

Roy. Variante de Rodrigo.

Rubén (Hebreo). El hijo de Dios.

Rudecindo. Variante de Rosendo.

Rufino. Diminutivo de Rufo.

Rufo (Latino). El pelirrojo.

Ruperto. Variante de Roberto.

Ruy. Variante de Rodrigo.

S

Sabacio (Latino). Dios frigio protector de la naturaleza.

Sabelio. Variante de Sabino.

Sabino (Latino). Proveniente de Sabina, antigua región de Italia. Forma femenina: Sabina.

Sacha. Variante eslava de Alejandro.

Sadoc (Hebreo). El que es honrado.

Salomón (Hebreo). El príncipe que ama la paz.

Salustio (Latino). El que trae la salvación.

Salvador (Latino). El que libera o salva a los hombres. Forma femenina: Salvadora.

Salviano. Variante de Salvio.

Salvino (Latino). Aquel que goza de salud excelente.

Salvio (Latino). Salvado.

Salvo (Latino). Variante de Salvio.

Samuel (Hebreo). Al que oye Dios.

Sancho (Latino). Consagrado a Dios.

Sandro. Variante italiana de Alejandro. Forma femenina: Sandra.

Sansón (Hebreo). El pequeño sol.

Santiago. Variante de Jacobo y éste a su vez de Jacob.

Santino. Diminutivo de Santo y éste a su vez variante de Santos.

Santo. Variante de Santos.

Santos (Latino). El íntegro y consagrado. Forma femenina: Santos. *Este nombre debe estar acompañado por otro nombre para indicar con claridad el sexo de la persona.*

Saturnino. El opulento.

Saturno (Latino). Saciado.

Saúl (Hebreo). El hombre esperado.

Saulo (Griego). Tierno y dulce.

Saverio. Variante italiana de Javier.

Sebastián (Griego). El hombre digno de respeto. Forma femenina: Sebastiana.

Segismundo (Germano). El protector victorioso. Forma femenina: Segismunda.

Segundo (Latino). Nacido en segundo lugar. Forma femenina: Segunda.

Selim (Árabe). Aquel que goza de buena salud.

Sempronio (Latino). Hijo de una noble familia romana.

Séneca (Latino). Apellido que se hizo famoso por el escritor y filósofo latino Lucio Anneo Séneca.

Septimio (Latino). Nacido en séptimo lugar.

Serafín (Hebreo). El ángel bello y ardiente. Forma femenina: Serafina.

Serapio (Egipcio). Aquel que protege la siembra. Nombre de una divinidad egipcia, mezcla de Osiris –Dios de la agricultura y de los muertos–, y del buey Apis.

Sergio (Latino). El protector y guardián. Forma femenina: Sergia.

Servando (Latino). Aquel que observa. Forma femenina: Servanda.

Servillo. Variante de Servio.

Servio (Latino). Hijo del siervo.

Set. Variante de Seth.

Seth (Hebreo). El que reemplaza.

Severino. Variante de Severo.

Severo (Latino). Inflexible y austero.

Sigfrido (Germano). Aquel que trae la paz.

Silo. Contracción de Silvano.

Silvano (Latino). Nacido en la selva. Forma femenina: Silvana.

Silverio. Variante de Silvano.

Silvestre (Latino). El que crece en la selva.

Silvino. Variante de Silvano. Forma femenina: Silvina.

Silvio. Variante de Silvano. Forma femenina: Silvia.

Simeón. Variante de Simón.

Simón (Hebreo). Aquel que escucha. Forma femenina: Simona.

Simplicio (Latino). Sencillo.

Sinforiano (Latino). Variante de Sinforoso.

Sinforoso (Latino). Lleno de desdichas. Forma femenina: Sinforosa.

Sión (Hebreo). El monte elevado. Antiguamente recibía ese nombre la colina donde está emplazada Jerusalén. Por extensión, la ciudad misma. Forma femenina: Sión. *Este nombre debe estar acompañado por otro nombre para indicar con claridad el sexo de la persona.*

Siro (Latino). Nacido en Siria. Forma femenina: Sira.

Sisinio (Latino). Aquel que ayuda en la destrucción.

Sixto (Griego). El hombre cortés.

Sócrates (Griego). Vigoroso y sano.

Sófocles (Griego). Famoso por su sabiduría.

Soi (Mapuche). Algarroba.

Sol (Latino). Aquel de luminosa fe. Forma femenina: Sol. *Este nombre debe estar acompañado por otro nombre para indicar con claridad el sexo de la persona.*

Solano (Latino). Semejante al viento del Este. Forma femenina: Solana.

Solón (Griego). El voluntarioso.

Sotero (Griego). El salvador.

Stefano. Variante italiana de Esteban. Forma femenina: Stefanía.

T

Tabaré (Charrúa). El que vive apartado del resto.

Taciano (Latino). Variante de Tacio. Forma femenina: Taciana.

Tacio (Latino). Aquel que calla.

Tácito (Latino). Variante de Tacio.

Tadeo (Sirio). Aquel que halaga.

Tancredo (Germano). El consejero inteligente.

Tarquino (Latino). Proveniente de Tarquinia, antigua ciudad etrusca.

Tarsicio (Latino). Nacido en Tarso, antigua ciudad de la actual Turquía. Forma femenina: Tarsicia.

Telémaco (Griego). Aquel que se prepara para dar combate.

Telmo. Variante de Erasmo. Forma femenina: Telma.

Temístocles (Griego). Famoso por ser justo.

Teo (Griego). El reglo de Dios.

Teóbulo (Griego). Inspirado por Dios.

Teócrito (Griego). Escogido por Dios.

Teodomiro (Germano). Célebre en su pueblo. Forma femenina: Teodomira.

Teodorico (Germano). El que gobierna bien a su pueblo.

Teodoro (Griego). El regalo de Dios. Forma femenina: Teodora.

Teodosio (Griego). Variante de Teodoro. Forma femenina: Teodosia.

Teófilo (Griego). El amado por Dios.

Teofrasto (Griego). El que habla inspirado por Dios.

Terencio (Latino). Tierno y delicado.

Tertuliano (Latino). Nacido en tercer lugar.

Teseo (Griego). El fundador.

Thierry. Variante francesa de Teodorico.

Tiago. Apócope de Santiago, variante de Jacobo y éste a su vez de Jacob.

Tiberio (Latino). Proveniente del río Tíber.

Tiburcio (Latino). Nacido en Tívoli.

Ticiano (Latino). El defensor valiente. Forma femenina: Ticiana.

Timoteo (Griego). Aquel que honra a Dios.

Tirso (Griego). El coronado con hojas de parra.

Tito (Latino). El defensor valiente.

Tobías (Hebreo). Aquel que tiene la bondad de Dios. Nombre de dos judíos, padre e hijo, que por su fidelidad a Dios recibieron innumerables beneficios.

Tomás (Hebreo). El hermano gemelo. Forma femenina: Tomasa.

Tomé. Variante de Tomás.

Torcuato (Latino). El victorioso que porta un collar de guirnaldas.

Toribio (Griego). El artesano que hace los arcos.

Traful (Mapuche). Unión.

Tristán (Latino). El nostálgico. Forma femenina: Tristana.

Troilo (Griego). Nacido en Troya.

Tubal (Hebreo). El labrador de la tierra.

Tulio (Latino). Enaltecido y alabado. Forma femenina: Tulia.

Túpac (Quechua). El Señor.

U

Ubaldo (Germano). De espíritu audaz e inteligente.

Udolfo (Germano). El afortunado.

Ulfrido (Germano). El que impone la paz con la fuerza.

Ulises (Latino). El irritado.

Ulpio (Latino). Variante de Vulpiano.

Ulrico (Germano). Es noble como un rey.

Urbano (Latino). Aquel que es cortés y educado.

Uriel (Hebreo). Dios es mi luz. Forma femenina: Uriel. *Este nombre debe estar acompañado por otro nombre para indicar con claridad el sexo de la persona.*

Urso (Latino). Fuerte como un oso. Formas femeninas (diminutivas): Ursina, Ursula, Ursulina.

Uziel (Hebreo). La fuerza de Dios.

V

Valdemar (Germano). Aquel que tiene fama por su poder.

Valentín (Latino). Sano y vigoroso. Forma femenina: Valentina.

Valentino. Variante de Valentín.

Valeriano. Variante de Valerio y éste a su vez de Valentín.

Valerio. Variante de Valentín. Forma femenina: Valeria.

Venancio (Latino). El cazador.

Ventura (Latino). El que es feliz y dichoso.

Vespasiano (Latino). Nombre del emperador romano, llamado así por su madre, Vespasia.

Vicente (Latino). Aquel que venció y es victorioso. Forma femenina: Vicenta.

Víctor. Variante de Vicente.

Victoriano. Variante de Víctor y éste a su vez de Vicente.

Victorino (Latino). Que pertenece a Víctor y éste a su vez variante de Vicente.

Vidal. Variante de Vital.

Vinicio (Latino). Aquel que está naciendo.

Virgilio (Latino). El que posee lozanía.

Vital (Latino). El que es joven y fuerte. Forma femenina: Vital. *Este nombre debe estar acompañado por otro nombre para indicar con claridad el sexo de la persona.*

Vito (Latino). Lleno de alegría y vida.

Vitoldo. Variante de Vito.

Viviano (Celta). El pequeño. Forma femenina: Viviana.

Vladimir (Eslavo). El príncipe de la paz. Forma femenina: Vladimir. *Este nombre debe estar acompañado por otro nombre para indicar con claridad el sexo de la persona.*

Vladimiro. Variante de Vladimir.

Vulpiano (Latino). Astuto como el zorro.

W

Walberto (Germano). Resplandece por el poder.

Waldemar. Variante de Valdemar.

Waldo (Germano). El hombre de espíritu audaz.

Walfredo (Germano). El caudillo pacificador.

Walter (Germano). El que comanda al ejército.

Wara (Quechua). Insignia del jefe.

Washington (Inglés). Proveniente de Wassins, nombre de una antigua población al noreste de Inglaterra.

Wayra (Quechua). Brisa, aire.

Wenceslao (Latino). El hombre con más gloria.

Werner (Germano). Héroe de su patria.

Wilfredo (Germano). Aquel que reina en paz.

William (Inglés). Variante de Guillermo.

Wilka (Quechua). Santo sagrado.

Wilson (Inglés). Hijo de William.

Wiñay (Quechua). Crecimiento.

X

Xavier. Variante de Javier.

Xóchtil (Azteca). La flor.

Y

Yago. Variante de Jacobo y éste a su vez de Jacob.

Yamil (Árabe). Flor aromática. Forma femenina: Yamila.

Yerimen (Mapuche). Ágil.

Yunca (Quechua). Valle tropical, tierra caliente.

Yune (Mapuche). El principio.

Z

Zacarías (Hebreo). El que es recordado por Dios.

Zaqueo (Hebreo). El inocente.

Zebedeo (Hebreo). Dios ha entregado.

Zelmar (Celta). El que es justo.

Zenón (Griego). El que desciende Zeus.

Zoilo (Griego). Lleno de vida. Forma femenina: Zoila.

Zoroastro (Persa). El astro vivo.

Zorobabel (Hebreo). La posteridad de Babel.

Zósimo (Griego). El luchador.

Nombres femeninos

A

Abi (Hebreo). Variante de Abigail.

Abigail (Hebreo). Alegría del padre.

Abril (Latino). La que nace en primavera. Segundo mes del calendario romano. Forma masculina: Abril.

Ada (Hebreo). La que es bella.

Adabela. Compuesto de Ada y Bella: la alegría y la belleza.

Adalgisa (Germano). La lanza de la nobleza. Forma masculina: Adalgiso.

Adalia (Persa). La hija del fuego.

Adela (Germano). Variante de Adelaida.

Adelaida (Germano). De estirpe noble.

Adelia. Variante de Adelaida.

Adelina. Variante de Adelaida. Forma masculina: Adelino.

Adelinda. Variante de Adelaida.

Adena (Hebreo). La delicada, la grácil.

Adoración (Latino). Nombre místico.

Adriana (Latino). Natural de Adria, ciudad de Italia que dio nombre al mar Adriático. La ciudad del mar; la mujer del mar. Forma masculina: Adrián.

Afra (Latino). La que vino de África; la soleada.

Agar (Hebreo). La que se fugó.

Ágata. Traducción inglesa de Águeda: la sublime; la virtuosa.

Aglae (Griego). La esplendorosa; el resplandor; la belleza.

Agostina. Variante de Agustina.

Agripina (Latino). La descendiente de Agripa: miembro de una ilustre familia romana.

Agueda (Griego). La sublime, la virtuosa.

Agustina (Latino). La venerada. Forma masculina: Agustín.

Aída (Latino). La que es de buen linaje.

Ailén (Mapuche). La brasa.

Ailín (Mapuche). La que es clara y transparente.

Aimé (Mapuche). Lo que significa algo, un poco.

Ainée (Celta). Capricho bonito.

Aixa (Árabe). La elegida por el máximo.

Alaide. Contracción de Adelaida.

Alana (Celta). La que posee armonía.

Alba (Latino). Blanca y radiante como la aurora.

Albana (Latino). Radiante como la aurora.

Albertina (Germano). Que resplandece por su nobleza. Forma masculina: Alberto.

Albina (Latino). Que tiene la cara clara. Forma masculina: Albino.

Alcira (Germano). El atavío de la hermosura.

Alcmena (Griego). La colérica.

Alda (Celta). La más bella y experimentada. Forma masculina: Aldo.

Aldana (Celta). Variante de Alda.

Aldegunda (Germano). El combate de la nobleza.

Alegra (Latino). La llena de ardor.

Alejandra (Griego). La que es protectora. Forma masculina: Alejandro.

Alejandrina. Diminutivo de Alejandra.

Alethia (Griego). Representa a la verdad en la mitología griega.

Alexandra. Variante de Alejandra.

Alexia (Griego). La que defiende y protege. Forma masculina: Alexis.

Alfonsina (Germano). La que está lista para combatir. Forma masculina: Alfonso.

Alicia. Derivado de Adelaida.

Alida. Variante de Elida.

Alide. Variante gráfica de Alida y ésta, a su vez Elida.

Alidia. Variante gráfica de Alida y ésta, a su vez Elida.

Alina. Contracción de Adelina y ésta a su vez de Adelaida. También es considerado como un derivado de Elina.

Alma (Latino). La bondadosa.

Almira (Árabe). La princesa.

Almudena (Español). La que vive en la ciudad.

Altair (Árabe). Estrella de la constelación del Águila.

Amada (Latino). La que es amada. Forma masculina: Amado.

Amadis (Latino). El gran amor. Forma masculina: Amadis. *Este nombre debe estar acompañado por otro nombre para indicar con claridad el sexo de la persona.*

Amalia (Germano). La despreocupada. Forma masculina: Amalio.

Amancai. En Chile y la Argentina, planta de flores amarillas y naranjas.

Amancay. Variante gráfica de Amancai.

Amanda (Latino). La que debe ser amada. Forma masculina: Amando.

Amapola (Árabe). La flor del vergel.

Amaranta (Griego). La que nunca se marchita. Forma masculina: Amaranto.

Amarilis (Latino). La pastora.

Amarilla (Griego). La que resplandece.

Amaru (Quechua). La serpiente sagrada. Forma masculina: Amaru. *Este nombre debe estar acompañado por otro nombre para indicar con claridad el sexo de la persona.*

Amaya (Aymará). Hijo muy querido.

Ambrosia o Ambrosía (Griego). Manjar de los dioses. Forma masculina: Ambrosio.

Amelia (Germano). La mujer enérgica y activa.

América (Germano). La princesa activa. Forma masculina: Américo.

Amina (Árabe). La mujer fiel. Forma masculina: Amino.

Aminto (Griego). La protectora.

Amira (Árabe). La princesa.

Amneris (Egipcio). Rival de Aída por el amor de Radamés, en la ópera de Verdi.

Amparo (Latino). La que cobija y defiende.

Ana (Hebreo). La llena de gracia.

Anabel o Anabella o Anabela. Adaptación castellana de *Annabel*, nombre de origen escocés.

Anahí (Guaraní). Ceibo.

Anais (Francés). Variante de Ana.

Analía. Compuesto de Ana (la llena de gracia) y Lía (la fatigada).

Anastasia (Griego). La que resucitó. Forma masculina: Anastasio.

Andrea (Griego). La mujer valiente y apuesta. Forma masculina: Andrés.

Andreina. Variante de Andrea.

Andresa. Variante de Andrea.

Andrómaca (Griego). La que combate como un hombre.

Anelina. Contracción de Ana (la llena de gracia) y Elina (la aurora).

Anelisa. Contracción de Ana (la llena de gracia) y Elisa (la que ha sido consagrada a Dios).

Ángela (Griego). La enviada de Dios. Forma masculina: Ángel.

Ángeles. Advocación de la Virgen.

Angélica. Derivado de Ángela.

Angelina. Derivado de Ángela.

Angustias. Advocación granadina de la Virgen.

Ania (Griego). La afligida. Forma masculina: Aniano.

Antígona (Griego). Opuesta a su raza.

Antonella. Versión italiana de Antonia.

Antonia (Griego). Hermosa como una flor. Forma masculina: Antonio.

Antonieta. Derivado de Antonia.

Antonina. Derivado de Antonia. Forma masculina: Antonino.

Anunciación (Español). Evoca a la Virgen a quien se le anuncia que fue elegida madre de Dios.

Arabela (Latino). El altar hermoso.

Araceli (Latino). El altar celestial.

Arcelia (Latino). Pequeño cofre de tesoros.

Aranzazu. Advocación vasca de la Virgen.

Arcadia (Latino). La mujer venturosa. Forma masculina: Arcadio.

Arcángela (Griego). La princesa de todos los ángeles. Forma masculina: Arcángel.

Arcelia (Latino). El cofre de los tesoros.

Argentina (Latino). Que brilla como la plata. Forma masculina: Argentino.

Ariadna (Griego). La mujer muy santa.

Ariana. Variante gráfica de Ariadna.

Ariela (Hebreo). La pequeña leona de Dios. Forma masculina: Ariel.

Armanda (Germano). La guerrera. Forma masculina: Armando.

Armentaria (Latino). La pastora de ganado mayor. Forma masculina: Armentario.

Arminda. Variante de Armanda.

Artemis o Artemisa (Griego). Nombre de la mitología griega. Divinidad que personificaba la luz lunar. Adorada, con el nombre de Diana, por los romanos. Era la diosa de la caza y de la castidad.

Astrid (Germano). La querida por los dioses.

Asunción (Español). La que fue llevada al cielo.

Asunta. Traducción italiana de Asunción.

Atala (Griego). La juvenil.

Atenea (Griego). Diosa de la sabiduría, de las ciencias, las artes y la guerra, en la mitología griega. Adorada, con el nombre de Minerva, por los romanos.

Atica (Griego). La ateniense.

Auda (Latino). La valiente. Forma masculina: Auda. *Este nombre debe estar acompañado por otro nombre para indicar con claridad el sexo de la persona.*

Aurea (Latino). La que tiene el valor del oro.

Aurelia (Latino). Variación de Áurea. Forma masculina: Aurelio.

Aurora (Latino). La brillante y resplandeciente.

Aheleen o Ayelén (Mapuche). La que posee alegría.

Aymará (Aymará). Nombre del pueblo y de la lengua del sur andino.

Azucena (Árabe). Madre admirable.

Azul (Persa). Del color del cielo. Forma masculina: Azul. *Este nombre debe estar acompañado por otro nombre para indicar con claridad el sexo de la persona.*

B

Balbina (Latino). Que tartamudea al hablar. Forma masculina: Balbino.

Barbara (Griego). La extranjera.

Batilde (Germano). La que lucha.

Baudilia (Celta). La victoria. Forma masculina: Baudilio.

Beata (Latino). La bienaventurada.

Beatriz (Latino). Que trae la alegría.

Begonia. Variante de Begoña.

Begoña (Vasco). El lugar del cerro dominante. Nombre que dan los vascos a la Virgen.

Belén (Hebreo). Casa del pan. *Este nombre debe estar acompañado por otro nombre para indicar con claridad el sexo de la persona.*

Belinda (Latino). La colmada de gracia.

Belisa (Latino). La más esbelta.

Bella (Hebreo). La belleza.

Benedicta (Latino). Bendecida por Dios. Forma masculina: Benedicto.

Benigna (Latino). La pródiga. Forma masculina: Benigno.

Benilda (Germano). La que lucha con los osos. Forma masculina: Benildo.

Benilde. Variación gráfica de Benilda.

Benita. Contracción gráfica de Benedicta. Forma masculina: Benito.

Berenice (Griego). La que trae la victoria.

Bernabela (Hebreo). Forma masculina: Bernabé, el hijo de la profecía.

Bernadette. Traducción francesa de Bernardita.

Bernarda (Germano). Audaz como un oso. Forma masculina: Bernardo.

Bernardita (Germano). Derivado de Bernarda.

Berta (Germano). La ilustre, la brillante.

Bertilda (Germano). La ilustre que combate.

Betania (Hebreo). La casa del pobre.

Betiana. Variante de Isabel.

Betsabé o Bethsabé (Hebreo). La séptima hija.

Bettina. Variante gráfica de Betina y éste a su vez variante de Isabel.

Bianca. Forma italiana de Blanca. Nombre que hace referencia al color de la piel.

Bibiana. Variante gráfica de Viviana.

Biblis (Latino). La golondrina.

Blanca. Nombre que hace referencia al color de la piel.

Bona (Latino). La que es buena.

Brenda (Inglés). La espada.

Brígida (Celta). La que es victoriosa.

Briseida (Griego). Hija de Briseo, sobrenombre de Dionisio, dios de la sensualidad, del vino y de la alegría.

Bruna (Latino). La de piel morena. Forma masculina: Bruno.

Brunilda (Germano). Coraza en la batalla.

C

Calíope (Griego). La de hermosa voz.

Camelia (Latino). Nombre que hace alusión a esa flor.

Camila (Latino). La que está presente en Dios. Forma masculina: Camilo.

Candela. Variante de Candelaria.

Candelaria (Latino). La que resplandece e ilumina.

Cándida (Latino). La pura e inmaculada. Forma masculina: Cándido.

Canela (Latino). Nombre de una planta aromática de cuya corteza seca se obtiene el condimento.

Capitolina (Latino). La que habla con los dioses.

Caridad (Latino). Una de las tres virtudes teologales.

Carina (Latino). La muy amada.

Caritina (Griego). La graciosa.

Carla (Germano). La muy vigorosa. Forma masculina: Carlos.

Carlina. Variante de Carla.

Carlota. Variante de Carla.

Carmela (Hebreo). El jardín florido. Forma masculina: Carmelo.

Carmen (Hebreo). Nombre inspirado por el monte Carmelo
(Karmel), en Galilea, en el actual Israel.

Carmiña Diminutivo de Carmen.

Carol. Variante de Carla.

Carola. Variante de Carla.

Carolina. Variante de Carla.

Casandra (Griego). La hermana de los héroes. Nombre masculino: Casandro.

Casiana (Latino). La que usa armadura. Forma masculina: Casiano.

Casilda (Árabe). La virgen que va armada. Forma masculina:
Casildo.

Catalina (Griego). La de casta pura.

Caterina. Variante de Catalina.

Cayetana (Latino). Que proviene de Gaeta, ciudad del Lacio (región de Italia). Forma masculina: Cayetano.

Cecilia (Latino). La pequeña ciega. Forma masculina: Cecilio.

Celedonia o Celidonia (Latino). La que es hermosa como una
golondrina. Forma masculina: Celedonio.

Celeste (Latino). La que pertenece a lo celestial.

Celestina (Latino). La que vive en el cielo. Forma masculina:
Celestino.

Celia (Latino). La que vive en el cielo. Forma masculina: Celio.

Celina (Latino). La que viene del cielo.

Celinda (Griego). La que da ánimo.

Ceimira (Árabe). La que brilla.

Ceisa (Latino). Que habita en las alturas. Forma masculina: Celso.

Cesaria (Latino). Forma masculina: de Cesario y éste a su vez variante de César. (Ver César en "Nombres masculinos")

Cesira (Latino). Forma masculina: César. (Ver César en "Nombres masculinos").

Cibeles (Griego). Divinidad identificada con Rea, madre de los dioses. Simboliza el principio femenino y la fuente de vida. También simboliza a la Tierra.

Cielo (Latino). La celestial.

Cinthia (Griego). La que está ligada a Dios.

Cinthya. Variante gráfica de Cinthia.

Cintia. Variante gráfica de Cinthia.

Cira (Griego). La gran señora. Forma masculina: Ciro.

Circe (Griego). En la mitología griega, maga que vivía en la isla de Eea.

Cirenia o Cirinea (Griego). La de Cirene, antigua ciudad de la provincia de Cirenaica, actual Libia. Forma masculina: Cirineo.

Cirila. Diminutivo de Cira. Forma masculina: Cirilo.

Clara (Latino). La límpida, la diáfana.

Clarisa. Derivado de Clara.

Claudia (Latino). La que es renga. Forma masculina: Claudio.

Claudina. Diminutivo de Claudia.

Clelia (Latino). La gloriosa, sublime.

Clemencia (Latino). La compasiva. Forma masculina: Clemente.

Clementina. Derivado de Clemencia.

Cleofé (Griego). La que ve la gloria.

Cleopatra (Griego). La gloria de sus padres y de su tierra.

Clío (Griego). La célebre, la famosa. Musa de la Historia.

Cloe (Griego). La que es tierna como la hierba.

Clorinda (Griego). La vital, la saludable. Forma masculina: Clorindo.

Clotilde (Germano). La hija del caudillo.

Coleta. Del francés "Colette".

Coloma (Latino). La paloma.

Concepción (Latino). La que concibe. Recuerda la Inmaculada Concepción de María Santísima.

Concordia (Latina). La que trae la paz.

Constancia (Latino). La fiel, la que persevera. Forma masculina: Constancio.

Constanza. Variante de Constancia.

Consuelo (Latino). El refugio de los afligidos.

Cora (Griego). La virgen, la doncella.

Coral (Griego). La piedrita.

Coralia (Griego). La doncella.

Cordelia (Latino). La de corazón pequeño.

Corina (Griego). La joven doncella.

Cornelia (Latino). La que llama a la batalla tocando el cuerno.

Covadonga. Advocación española de la Virgen María, en Asturias.

Cristel. Variante de Cristina.

Cristela. Variante de Cristina.

Cristina (Latino). La de claro pensamiento; la adepta del Señor.

Cruz (Latino). Remite a la crucifixión de Cristo. Forma masculina: Cruz. *Este nombre debe estar acompañado por otro nom-*

bre para indicar con claridad el sexo de la persona, Mariana de la Cruz.

Cynthia. Variante gráfica de Cinthia.

Cyntia. Variante gráfica de Cinthia.

D

Dacia (Latino). La que vive en Dacia, antigua región del Imperio Romano, actualmente territorio de Rumania. Forma masculina: Dacio.

Dafne (Griego). El árbol de laurel.

Daiana. Variante gráfica de Diana.

Daira (Griego). La llena de sabiduría.

Dalia (Germano). La que habita en el valle.

Dalila (Hebreo). La delicada, la tierna.

Dalinda. Variación de "Delia".

Dalma. Apócope de Dalmacia.

Dalmacia (Latino). La que vino de Dalmacia, región de los Balcanes. Forma masculina: Dalmacio.

Dalmira (Germano). La que es ilustre por su linaje. Forma masculina: Dalmiro.

Damasia (Griego). La domadora. Forma masculina: Dámaso.

Damiana (Griego). La que surgió del pueblo. Forma masculina: Damián.

Dana (Hebreo). La que juzga.

Dánae (Griego). En la mitología griega, madre del héroe Perseo y princesa de Argos.

Daniela (Hebreo). La que es juzgada por Dios. Forma masculina: Daniel.

Danila. Variante de Daniela.

Daría (Persa). La protectora. Forma masculina: Darío.

de Aranzazu

de Fátima

de Luján

del Carmen

del Corazón de Jesús

del Milagro

del Pilar

del Rosario

del Sagrado Corazón

del Socorro

del Valle

de la Cruz

de la Paz

de las Mercedes

de las Nieves

de los Ángeles

de los Milagros

Los nombres que comienzan con de *y* del *van precedidos por otros que indican el sexo, por ejemplo:* María de la Paz *o* José de la Cruz.

Débora (Hebreo). La abeja.

Déborah. Variante gráfica de Débora.

Debra. Variante gráfica de Débora.

Deidamia (Griego). La que combate con paciencia.

Delfina (Latino). La juguetona. Forma masculina. Delfín.

Delia (Griego). La divina. Sobrenombre de la diosa Artemisa, quien según la leyenda nació en la isla de Delos, isla griega en el mar Egeo.

Delicia (Latino). Delicia, gozo.

Delma. Variante de Edelmira.

Demófila (Griego). La amiga.

Denise. Forma femenina: de Denis y éste a su vez forma francesa de Dionisio.

Deolinda. Variante de Teodolinda: la que es amable con su gente.

Desdémona (Griego). La desdichada, la desposeída.

Desirée. Forma femenina francesa de Desiderio.

Deyanira (Griego). La destructora de hombres.

Diamela. Nombre de la flor.

Diana (Griego). La colmada por la divinidad.

Dimpna (Irlandés). La cierva pequeña.

Dina. Variante de Daniela.

Dinora (Arameo). La luz.

Dinorah. Variante gráfica de Dinora.

Diomira. Variante de Teodomira.

Dionisia (Griego). La que se consagra a Dios en la adversidad. Forma masculina: Dionisio.

Divina. Nombre que alude a la Divina Providencia.

Dolores (Latino). La que es sensible.

Domiciana (Latino). La que es mansa. Forma masculina: Domiciano.

Dominga (Latino). La que pertenece al Señor. Forma masculina: Domingo.

Dominica (Latino). La que pertenece al Señor.

Dominique. Versión francesa de Dominica.

Domitila (Latino). La que ama su casa.

Dora (Griego). Derivado de Dorotea.

Doralisa. Compuesto de Dora (el regalo de Dios) y Elisa (la que ha sido consagrada a Dios).

Dorana. Compuesto de Dora (el regalo de Dios) y Ana (la llena de gracia).

Dorcas (Griego). La gacela.

Dorelia. Nombre compuesto de Dora (el regalo de Dios) y Delia (la divina).

Dorina (Griego). Derivado de Dorotea.

Doris (Griego). Derivado de Dorotea.

Dorotea (Griego). El regalo de Dios. Forma masculina: Doroteo.

Dulce (Latino). Dulce. *Este nombre debe estar acompañado por otro nombre para indicar con claridad el sexo de la persona.*

Dulcinea (Latino). La que tiene dulzura.

E

Eber (Hebreo). La del más allá. *Este nombre debe estar acompañado por otro nombre para indicar con claridad el sexo de la persona.*

Eda (Germano). Que es feliz y saludable.

Edda (Germano). Variante de Eda.

Edelia (Griego). Que es como una estatua.

Edelira. Variante de Edelmira.

Edelma. Apócope de Edelmira.

Edelmira (Germano). Célebre por su nobleza. Forma masculina: Edelmiro.

Edgarda (Germano). Que defiende lo suyo con la lanza. Forma masculina: Edgardo.

Edilia. Variante de Edelia.

Edit. Variante gráfica de Edith.

Edita. Derivado de Edith.

Edith (Germano). La que es rica y poderosa.

Edna (Hebreo). La que rejuvenece.

Eduarda (Germano). La que cuida sus posesiones. Forma masculina: Eduardo.

Edurne (Vasco). La nieve.

Eduvigis (Germano). La luchadora.

Egle (Griego). La esplendorosa.

Ela (Germano). La noble.

Eladia (Griego). La griega. Forma masculina: Eladio.

Elba (Celta). La que viene de lo alto.

Elcira (Germano). La que es como un noble adorno.

Elda (Germano). La que lucha.

Electra (Griego). La que es rubia como el ámbar.

Elena (Griego). La que es bella como el resplandor del sol.

Eleodora (Griego). La que vino del Sol. Forma masculina: Eleodoro.

Eleonor. Variante de Eleonora.

Eleonora (Hebreo). Dios es mi luz.

Elia (Griego). La que es como el Sol.

Eliana. Variante de Elia.

Eliane. Variante de Elia.

Elida (Griego). Que proviene de *Eli-da,* región del Peloponeso (Grecia), donde se celebraban los Juegos Olímpicos. Forma masculina: Elido.

Elide. Variante gráfica de Elida.

Elin. Variante de Elina.

Elina (Griego). La aurora.

Elisa (Hebreo). La que ha sido consagrada a Dios.

Elisabet. Variante inglesa de Elisa (la que ha sido consagrada a Dios) o Isabel (la que ama a Dios).

Elisabeth. Variante de Elisabet.

Elisea (Hebreo). Aquella a la que Dios cuida la salud. Forma masculina: Eliseo.

Elizabeth. Variante de Elisabet.

Elma. Apócope de Guillermina.

Elodia (Germano). La más rica de la zona.

Eloisa (Germano). La guerrera famosa.

Elpidia (Griego). Que tiene esperanzas. Forma masculina: Elpidio.

Elsa. Variante de Elisa (la que ha sido consagrada a Dios) o Isabel (la que ama a Dios).

Elvia (Latino). La de cabellos rubios. Forma masculina: Elvio.

Eivina. Variante de Elvia.

Eivira (Árabe). La que es como la lanza amable.

Ema (Germano). Derivado de Irma.

Emelina (Germano). Derivado de Irma.

Emilia (Latino). La trabajadora audaz. Forma masculina: Emilio.

Emma. Variante gráfica de Ema y éste a su vez derivado de Irma.

Emperatriz (Latino). La soberana.

Ena. Variante femenina de Ernesto.

Encarnación. Alude al misterio de la Biblia.

Engracia (Latino). La que tiene la gracia del Señor.

Enrica (Germano). La princesa de su hogar. Forma masculina: Enrique.

Enriqueta. Variante de Enrica. Forma masculina: Enrique.

Ercilia. Variante de Hersilia.

Erica (Germano). La princesa que rige eternamente. Forma masculina: Erico.

Erlinda. Apócope de Ermelinda.

Ermelinda (Germano). La dulzura.

Ernestina (Germano). La que lucha con seriedad. Forma masculina: Ernesto.

Ervina (Germano). La que es consecuente con los honores. Forma masculina: Erwin.

Escolástica (Latino). La que sabe mucho y enseña.

Esmeralda (Griego). La que irradia pureza y esperanza como el color verde.

Esperanza (Latino). La que confía en Dios.

Estefanía (Griego). La coronada por la victoria. Forma masculina: Estéban.

Estela (Latino). La estrella del alba.

Ester (Hebreo). La estrella del alba.

Esther. Variante gráfica de Ester.

Estrella (Latino). La que es bella y virtuosa.

Etel. Variante de Etelvina.

Etelinda (Germano). La noble que protege a su pueblo.

Etelvina (Germano). La amiga fiel y noble.

Ethel. Variante gráfica de Etel y éste a su vez de Etelvina.

Eudosia o Eudoxia (Griego). La que tiene gran conocimiento.

Eufrasia (Griego). La que es muy alegre.

Eugenia (Griego). La de noble nacimiento. Forma masculina: Eugenio.

Eulalia (Griego). La que es elocuente al hablar. Forma masculina: Eulalio.

Eulogia (Griego). La buena oradora. Forma masculina: Eulogio.

Eunice (Griego). La victoriosa.

Eurídice (Griego). La que da ejemplo con su justicia.

Eusebia (Griego). La respetuosa y piadosa. Forma masculina: Eusebio.

Euterpe (Griego). La que entretiene.

Eva (Hebreo). La que da vida.

Evangelina (Griego). Que trae la buena nueva. Forma masculina: Evangelino.

Evelia (Griego). La alegre. Forma masculina: Evelio.

Evelina. Variante de Eva.

Evelin. Variante de Eva.

Evelyn. Variante de Eva.

Expectación (Latino). Fiesta católica española.

F

Fabia (Latino). Que cultiva las habas. Forma masculina: Fabio.

Fabiana. Derivado de Fabia. Forma masculina: Fabián.

Fabiola. Diminutivo de Fabia.

Fanny. Diminutivo de Francisca.

Fara (Persa). Nombre de una antigua cuidad mesopotámica.

Fátima (Árabe). La que desteta a los niños.

Fe (Latino). La que cree en Dios.

Febe (Latino). La resplandeciente. Forma masculina: Febo.

Federica (Germano). La pacifista. Forma masculina: Federico.

Fedora. Variante rusa de Teodora. Forma masculina: Fedor.

Fedra (Griego). La espléndida.

Felicia (Latino). La dichosa y afortunada. Forma masculina: Félix.

Felicitas. Variante de Felicia.

Felisa. Variante de Felicia.

Fernanda (Germano). La guerrera que lucha por la paz. Forma masculina: Fernando.

Fidela (Latino). La digna de confianza. Forma masculina: Fidel.

Filis (Griego). La que se adorna con hojas.

Filomela (Griego). La amiga del canto.

Filomena (Griego). La muy amada.

Fina. Derivado de Josefina y éste a su vez diminutivo de Josefa.

Fiorella (Italiano). Diminutivo de flor.

Flaminia (Latino). La que pertenece a la casta sacerdotal. Forma masculina: Flaminio.

Flavia (Latino). La que nace con los cabellos rubios. Forma masculina: Flavio.

Flaviana. Variante de Flavia.

Flor (Latino). La flor.

Flora (Latino). La que brota lozanamente. Forma masculina: Floro.

Florencia (Latino). La que es hermosa como una flor. Forma masculina: Florencio.

Florinda (Latino). La floreciente.

Fortuna (Latino). La oportunidad.

Fortunata (Latino). La próspera. Forma masculina: Fortunato.

Franca (Germano). Forma femenina de Franco: el hombre libre.

Francisca (Latino). La que vino de Francia. Forma masculina: Francisco.

Freya (Eslavo). La diosa del amor.

Frida (Germano). La que lleva la paz.

Fulvia (Latino). La de cabellos rojos. Forma masculina: Fulvio.

G

Gabina (Latino). Que habita en Gabio, antigua ciudad cercana a Roma donde fue criado Rómulo, según la leyenda. Forma masculina: Gabino.

Gabriela (Hebreo). La que tiene la fuerza y el poder de Dios. Forma masculina: Gabriel.

Gala (Latino). La que viene de la Galia, antigua región que fue parte del Imperio Romano, (territorio actualmente comprendido por Francia, parte de los Países Bajos y parte de Alemania. Forma masculina: Galo.

Galatea (Griego). La que es blanca como la leche.

Galia. Variante gráfica de Gala.

Gardenia (Germano). Nombre de la flor.

Gea (Griego). La madre Tierra.

Gema (Latino). La que brilla como una piedra preciosa.

Gemma. Variante gráfica de Gema.

Genoveva (Galés). La que es blanca como la espuma del mar.

Georgia (Griego). La que trabaja bien el campo. Forma masculina: Jorge.

Georgina. Diminutivo de Georgia.

Geraldina (Germano). La que domina con su lanza. Forma masculina: Geraldo.

Geraldine. Variante gráfica de Geraldina.

Gerda (Germano). La protegida.

Gertrudis (Germano). La lanza fiel.

Gilberta (Germano). La que lucha con su espada en la batalla y es hecha rehén. Forma masculina: Gilberto.

Gilda (Germano). La dispuesta al sacrificio.

Gimena. Variante gráfica de Jimena.

Gina. Diminutivo italiano de Luisa.

Ginebra (Galés). Blanca como la espuma del mar.

Gioconda (Latino). La alegre y festiva.

Gisela (Germano). La flecha.

Giselda. Variante de Gisela.

Giselle. Variante francesa de Gisela.

Gladis (Latino). Variante de Claudia.

Gladys. Variante gráfica de Gladis y éste a su vez de Claudia.

Glenda (Celta). El valle pequeño y fértil.

Gloria (Latino). Es la invocación a Dios.

Gracia (Latino). La que tiene encanto natural.

Graciana (Latino). La agradable. Forma masculina: Graciano.

Graciela. Diminutivo de Gracia: la que tiene encanto natural.

Gregorina (Latino). La que vigila sobre su grey. Forma masculina: Gregorio.

Greta (Germano). Diminutivo de Margarita.

Gretel. Variante de Greta y éste a su vez diminutivo de Margarita.

Grisel. Apócope de Griselda.

Griselda (Germano). La heroína. Simboliza la sumisión y la fidelidad al esposo.

Guadalupe (Árabe). Que viene del Valle de Lope (o donde habita el lobo).

Guendalina (Galés). La de blancas pestañas.

Guillermina (Germano). La que protege en firme voluntad. Forma masculina: Guillermo.

Guiomar (Germano). Famosa en el combate.

Gundelinda (Germano). La piadosa en la batalla.

Gundenia (Germano). La que lucha.

H

Hada (Latino). La que sigue el destino.

Hadasa. Variante de Hada.

Hadassa. Variante gráfica de Hadasa y éste a su vez de Hada.

Halima (Árabe). La que sufre pacientemente.

Haydé o **Haydée** (Griego). La mujer sumisa y recatada.

Hebe (Griego). La de lozana juventud.

Heda (Germano). La guerrera.

Heidi. Variante de Heda.

Heida. Variante de Elda.

Helena. Variante gráfica de Elena.

Helga. Variante de Olga.

Heli. Apócope de Heliana.

Heliana (Griego). La que se ofrece a Dios.

Heloisa. Variante gráfica de Eloísa.

Helvecia (Latino). Los helvecios (antiguos habitantes de Suiza).

Hermelinda (Germano). La que es escudo de la fuerza. Forma masculina: Hermelindo.

Hermilda (Germano). La batalla de la fuerza.

Herminda (Griego). La que anuncia.

Herminia (Germano). La consagrada a Dios. Forma masculina: Herminio.

Hermione (Griego). La que anuncia.

Hersilia (Griego). La que es tierna y delicada.

Hilaria (Latino). La que es alegre. Forma masculina: Hilario.

Hilda (Germano). La heroína en la lucha.

Hildegarda (Germano). La vigía de la lucha.

Hildegunda (Germano). La heroína de la batalla.

Hipatía (Griego). La mejor.

Hipólita (Griego). La que desata su caballo para aprestarse al combate. Forma masculina: Hipólito. En la mitología griega, reina de las amazonas, vencida por Hércules.

Honorata (Latino). La que recibe honores. Forma masculina: Honorato.

Honoria (Latino). La que merece honores. Forma masculina: Honorio.

Honorina (Latino). La que merece altos honores.

Hortensia (Latino). La que cuida con amor de su huerto. Forma masculina: Hortensio.

Hullen (Mapuche). Primavera.

I

Ianina. Variante de Giannina, diminutivo italiano de Juana.

Iara (Tupí). La señora.

Iciar. Advocación vasca de la Virgen María.

Ida (Germano). La diligente y laboriosa.

Idalina. Diminutivo de Ida.

Idara (Latino). La mujer prevenida.

Idelia (Germano). La noble.

Ifigenia (Griego). La mujer fuerte.

Ignacia (Latino). La que es ardiente y fogosa. Forma masculina: Ignacio.

Ildegunda (Germano). La que combate en la lucha.

Ileana. Variante rumana de Elena.

Iliana. Variante gráfica de Ileana y ésta, a su vez, variante de Elena.

Ilona. Variante húngara de Elena.

Imelda (Germano). La que es fuerte y poderosa para la lucha.

Imperio (Latino). La que gobierna.

Indiana (Griego). Perteneciente a las indias.

Inés (Griego). La pura y casta.

Inmaculada (Latino). La que no tiene mancha en su honor.

Irene (Griego). La amante de la paz.

Iris (Griego). La de hermosos colores.

Isabel (Hebreo). Juramento de Dios.

Isaura (Griego). La que viene de Asia Menor.

Isberga (Germano). La que protege con una espada en la mano.

Iselda (Germano). La que es fiel. Variante de Gisela.

Isis (Griego). Nombre de una antigua divinidad.

Ismenia (Griego). La que espera.

Isolda (Germano). La que gobierna con mano de hierro.

Isolina (Latino). Diminutivo italiano de Isolda.

Itatí (Guaraní). Pueblo de la provincia argentina de Corrientes, donde se levanta un santuario en honor de Nuestra Señora de Itatí.

Ivonne (Latino). Variante francesa de Ivome.

J

Jacarandí (Tupí). Fuerte olor.

Jacqueline. Variante francesa de Jaquelina.

Jacinta (Griego). La que es como la flor del jacinto. Forma masculina: Jacinto.

Jael (Hebreo). La que es como una cabra montés.

Jamila (Árabe). La bella.

Jaquelina (Hebreo). La que suplantó a su hermano. Equivalentes masculinos: Jacob, Jacobo, Jacques, Jaime, Santiago, Diego.

Javiera (Vasco). La de la casa nueva. Forma masculina: Javier.

Jazmín (Persa). La flor fragante.

Jeannette. Variante francesa de Juana.

Jenara (Latino). La consagrada al dios Jano. Forma masculina: Jenaro.

Jennifer (Celta). Espíritu blanco. (Nombre vinculado con Genoveva y Ginebra).

Jerusalén (Hebreo). La visión de paz.

Jésica (Eslavo). La hija de Jessa (diosa eslava).

Jesusa (Hebreo). Forma femenina de Jesús: el Salvador.

Jezabel (Hebreo). El juramento a Dios.

Jimena (Hebreo). La que me ha escuchado.

Joana. Variante de Juana.

Johanna. Variante de Juana.

Jordana (Hebreo). La que desciende. Forma masculina: Jordán.

Jorgelina (Griego). La que labra bien el campo. Forma masculina: Jorge.

Josefa (Hebreo). La engrandecida por Dios. Forma masculina: José.

Josefina. Diminutivo de Josefa.

Jovita (Latino). La que desciende de Júpiter.

Juana (Hebreo). La llena de gracia de Dios. Forma masculina: Juan.

Judith (Hebreo). La alabanza de Dios.

Julia (Latino). La que tiene el cabello crespo. Forma masculina: Julio.

Juliana. Variante de Julia. Forma masculina: Julián.

Julieta (Latino). Diminutivo de Julia.

Juno (Latino). La que es joven.

Justa (Latino). La que sigue las leyes de Dios. Forma masculina: Justo.

Justina. Diminutivo de Justa. Forma masculina: Justino.

Jutta (Germano). Asimilado con Judith.

K

Karen. Variante danesa de Catalina.

Karin. Variante gráfica de Karen y éste a su vez de Catalina.

Karina. Variante sueca de Catalina.

Keila. Variante gráfica de Leila.

L

Laila (Griego). La que es bella.

Lais (Griego). La que es amable.

Lara (Latino). Nombre de una de las más antiguas y célebres familias de Castilla.

Larisa (Griego). Nombre de una ciudad y comarca de Grecia.

Laura (Latino). La victoriosa. Forma masculina: Lauro.

Laureana. Variante de Laura. Forma masculina: Laureano.

Laurencia. Variante de Laura.

Lavinia (Latino). La mujer de Roma.

Lea (Hebreo). Variante de Lía.

Leandra (Griego). Femenino de Leandro.

Leda (Griego). La que es una dama.

Leila (Árabe). La que es hermosa como la noche.

Lelia (Latino). La que es locuaz. Forma masculina: Lelio.

Lena. Variante de Magdalena.

Leocadia (Griego). La que resplandece por su blancura. Forma masculina: Leocadio.

Leonarda (Latino). Brava como un león. Forma masculina: Leonardo.

Leonela. Variante de Leonilda. Formas masculinas: Leonel, Leonelo.

Leonilda (Germano). La que lucha como un león.

Leonor. Variante de Eleonora.

Leonora. Variante de Leonor y éste a su vez de Eleonora.

Lesbia (Griego). La que habita en Lesbos, isla griega del mar Egeo. De este nombre deriva el término lesbianismo, el cual designa la homosexualidad femenina.

Leticia (Latino). La que lleva alegría.

Lía (Griego). La fatigada.

Liana. Variante de Juliana y éste a su vez de Julia.

Libera (Latino). La que otorga abundancia.

Liberata (Latino). La amante de su libertad. Forma masculina: Liberato.

Libertad (Latino). La libertad.

Libia (Latino). La que nació en un lugar seco.

Liboria (Latino). La que es natural de Líbor, nombre de varias antiguas ciudades de España y Portugal. Forma masculina: Liborio.

Licia. Variante de Lucía.

Lida. Variante de Lidia.

Lidia (Latino). La que vino de Asia Menor.

Liduvina (Germano). La amiga fiel.

Ligia (Griego). La melodiosa.

Lila (Persa). La de color azulado.

Lilia (Latino). La que es pura como un lirio.

Lilian. Variante de Lilia.

Liliana. Variante de Lilia.

Lina (Latino). La que teje el lino. Forma masculina: Lino.

Linda (Germano). Abreviatura de nombres como Belinda (la colmada de gracia), Teodolinda (la que es amable con su gente), Gundelinda (la piadosa en la batalla).

Lis (Latino). La que es hermosa como el lirio.

Lisa. Variante de Elisa.

Livia (Latino). La de color verde oliva. Forma masculina: Livio.

Liza. Variante de Elisa.

Lola. Diminutivo de Dolores.

Loreley (Germano). Nombre de una roca alta que se eleva sobre el río Rhin, origen de numerosas leyendas. Entre ellas, la de Ondina, hechicera que provoca el naufragio de los barcos.

Lorena (Francés). La que viene de la región de Lorena, antigua región de Europa Central que actualmente pertenece a Francia.

Lorenza (Latino). La victoriosa. Forma masculina: Lorenzo.

Loreta. Variante de Loreto.

Loreto (Latino). Advocación de la virgen venerada en la basílica de Nuestra Señora de Loreto, ciudad de la provincia de Ancona en Italia.

Lourdes (Francés). Advocación de la virgen que apareció en esa localidad, ubicada en una región de Europa Central que actualmente pertenece a Francia.

Lucero (Latino). La que lleva la luz.

Lucía (Latino). La que nació a la luz del día.

Luciana. Variante de Lucía. Forma masculina: Luciano.

Lucila. Variante de Lucía.

Lucina (Latino). La que ayuda a dar a luz.

Lucrecia (Latino). La que siendo casta trae provecho.

Lucy. Variante inglesa de Lucía.

Ludmila (Eslavo). La amada por el pueblo.

Ludovica. Variante de Luisa. Forma masculina: Ludovico.

Luisa (Germano). Famosa en la guerra. Forma masculina: Luis.

Luisina (Germano). La guerrera famosa.

Luján. Advocación de la Virgen de Luján, ciudad de la provincia de Buenos Aires, famosa por su basílica.

Lupe. Diminutivo de Guadalupe.

Luz. Advocación de la presencia de Dios.

Lydia. Variante gráfica de Lidia.

M

Mabel. Nombre procedente del Inglés, derivado del latín. La adorable y amable.

Macarena. Advocación sevillana de la Virgen María.

Macra (Griego). La que engrandece.

Mafalda. Variante de Matilde.

Magalí. Variante provenzal de Margarita.

Magda. Variante abreviada de Magadalena.

Magdalena (Hebreo). La torre.

Maia (Griego). La maternal.

Maida. Variante de Magdalena.

Mailena. Variante de Maite y éste a su vez combinación de María y Teresa.

Maira (Latino). La maravillosa.

Maite. Nombre formado a partir de María y Teresa (la cazadora).

Malen (Mapuche). Doncella.

Malena. Apócope de Magdalena.

Malisa. Nombre formado a partir de María y Elisa (la que ha sido consagrada a Dios) o variante de Melisa: la que es dulce como la miel.

Malvina (Germano). La que conversa mucho.

Manón. Variante de María.

Manuela (Hebreo). Dios está con nosotros. Forma masculina: Manuel.

Mara (Hebreo). La amargura.

Marcela (Latino). Forma femenina: de Marcelo y éste a su vez diminutivo de Marcos.

Marcelina. Forma femenina: de Marcelino, variante de Marcelo y por lo tanto, de Marcos.

Marcia (Latino). La consagrada a Marte.

Margarita (Latino). La hermosa como las perlas.

María (Latino, del hebreo *Miriam*). Tiene varios significados: 1) la elegida; 2) la señora; 3) la estrella del mar.

Nombres compuestos a partir de María:

María Aranzazu

María Begoña

María Belén

María Fátima

María Gracia

María Guadalupe

María Inmaculada

María Jesús

María José

María Noel

María Nuria

María Olvido

María Sol

María de Aranzazu

María de Begoña

María de Belén

María de Cinta

María de Fátima

María de Guadalupe

María de Lourdes

María de Luján

María de Nuria

María de Consuelo

María del Mar

María del Monserrat

María del Olvido

María del Pilar

María del Pino

María del Sol

María del Valle

María de la Almudena

María de la Cerca

María de la Concepción

María de la Gracia

María de la Paloma

María de la Paz

María de la Soledad

María de las Ermitas

María de las Gracias

María de las Nieves

María de las Victorias

María de los Milagros

María de todos los Santos

Marian. Variante de Mariana.

Mariana. Contracción de María y Ana (la llena de gracia).

Marianela. Diminutivo de Mariana.

Mariángeles. Contracción de María y Ángeles.

Maribel. Contracción de María Isabel.

Maricruz. Combinación de María y Cruz (referido a la crucifixión de Cristo).

Marilda (Germano). La famosa.

Marilina. Combinación de María y Elina.

Marilú. Combinación de María y Luz.

Marina (Latino). La que ama el mar.

Marine. Variante de Marina.

Marión. Variante de María.

Marisa. Contracción de María Luisa.

Marisabel. Combinación de María e Isabel.

Marisol. Contracción de María del Sol.

Marlene. Combinación de María y Elena.

Marta (Hebreo). La reina del hogar.

Martha. Variante gráfica de Marta.

Martina. Variante de Marcia.

Martirio. Nombre místico; testigo, mártir.

Marysol. Variante de Marisol y éste a su vez contracción de María del Sol.

Matilde (Germano). La virgen poderosa de la guerra.

Maura (Latino). La de piel morena. Forma masculina: Mauro.

Máxima (Latino). La grande. Forma masculina: Máximo.

Maximiliana (Latino). La mayor de todas. Forma masculina: Maximiliano.

Maya. Variante de Maia.

Medea (Griego). La pensativa.

Melania (Griego). La de piel negra.

Melanie. Variación de Melania.

Melinda (Griego). La que canta armoniosamente.

Melisa (Griego). La que es dulce como la miel.

Melitona (Griego). La que es dulce. Forma masculina: Melitón.

Mercedes (Latino). La recompensa. Advocación de la Virgen de la Merced o Mercedes.

Micaela (Hebreo). Femenino de Miguel.

Micol (Hebreo). La reina.

Michelle. Forma francesa de Micaela y éste a su vez femenino de Miguel. Forma masculina: Michel.

Milagros. Advocación de la Virgen.

Mildred (Germano). La gentil consejera.

Milena (Hebreo). Variante de Magdalena.

Milwida (Germano). La habitante de los bosques.

Minerva (Latino). La llena de sabiduría.

Miranda (Latino). La que es maravillosa.

Mirella. Variante de Mireya.

Miren. Variante vasca de María.

Mireya (Provenzal). La maravilla.

Miriam (Hebreo). Forma hebrea de María.

Mirna (Griego). La que sufre padecimientos.

Mirta (Griego). La corona que da belleza.

Mirtha. Variante gráfica de Mirta.

Modesta (Latino). La moderada en sus actos. Forma masculina: Modesto.

Moira (Celta). Variación del antiguo nombre Irlandés de la Virgen María.

Mona (Irlandés). La noble.

Mónica (Griego). La que ama la soledad.

Monserrat (catalán). Advocación catalana de la Virgen María.

Morgana (Celta). La mujer del mar.

Munira (Árabe). La que es fuente de luz.

Muriel (Irlandés). La obligada y reconocida.

Myriam. Variante gráfica de Miriam.

Myrna (Griego). La que es suave como el buen perfume.

N

Nadia (Árabe). La llamada por Dios.

Nadina (Eslavo). La que mantiene la esperanza.

Nahir (Árabe). La que es como el arroyo manso.

Nana. Variante de Ana.

Nancy. Diminutivo Inglés de Ana.

Naomi (Hebreo). Forma inglesa de Noemí.

Narcisa (Griego). La que adormece. Forma masculina: Narciso.

Natacha. Variante de Natalia.

Natalia (Latino). La que nació en Navidades. Forma masculina: Natalio.

Natalí. Variante de Natalia.

Natasha. Variante de Natalia.

Natividad (Latino). El nacimiento.

Nayla (Árabe). La de ojos grandes.

Nazarena (Hebreo). De Nazaret. Forma masculina: Nazareno.

Nazaret (Hebreo). El brote florido. Ciudad del norte de Israel, residencia de la Sagrada Familia. Forma masculina: Nazaret. *Este nombre debe estar acompañado por otro nombre para indicar con claridad el sexo de la persona.*

Neftalí (Hebreo). La que lucha y sale victoriosa. Forma masculina: Neftalí. *Este nombre debe estar acompañado por otro nombre para indicar con claridad el sexo de la persona.*

Nélida. Variante de Eleonora.

Nelly. Variante de Eleonora.

Nemesia (Griego). La mujer justa. Forma masculina: Nemesio.

Nerea (Griego). La que manda en el mar. Forma masculina: Nereo.

Nerina (Latino). En la mitología griega, una de las nereidas: ninfa de los mares interiores.

Nicole. Variante francesa de Nicolás. La que lleva el pueblo a la victoria.

Nidia (Latino). La que tiene dulzura.

Nieves (Latino). Remite a una Advocación de la Virgen.

Nilda (Germano). Abreviación de Brunilda.

Nimia (Latino). La que ambiciona.

Nina. Variante de Ana.

Ninón. Variante de Ana.

Noel. Variante de Natalia.

Noelia. Variante de Noel y éste a su vez de Natalia.

Noemí (Hebreo). Mi encanto.

Nora. Derivado de Eleonora.

Norberta (Germano). La luz que viene del Norte. Forma masculina: Norberto.

Norma (latín). La que da reglas.

Notburga (Germano). Protección en la adversidad.

Nuncia (Latino). La que enuncia.

Nuria (Latino). Advocación de la Virgen en Gerona.

Nuriya. Variante de Nuria.

Nydia. Variante gráfica de Nidia.

O

Obdulia (Latino). La sierva de Dios.

Octavia (Latino). La que es octava en el orden familiar. Forma masculina: Octavio

Oda (Germano). La señora poderosa. Forma masculina: Odo.

Odila (Germano). La que es dueña de cuantiosos bienes.

Odilia. Variante de Otilia y éste a su vez de Odila.

Ofelia (Griego). La caritativa.

Olalia. Variante catalana de Eulalia.

Olaya (Ruso). Variante gráfica de Olalla y éste a su vez de Eulalia.

Olga (Ruso). La sublime.

Olimpia (Griego). La que vive en el Olimpo, monte de Grecia donde la mitología situaba la morada de los dioses.

Olinda (Germano). La protectora de la propiedad. Forma masculina: Olindo.

Olivia (Latino). La protectora de la paz.

Ondina (Latino). La doncella de las ondas.

Orfilia (Germano). La mujer lobo.

Oria (Latino). La que es valiosa como el oro.

Oriana. Combinación de Oria (la que es valiosa como el oro) y Ana (la llena de gracia).

Ornelia (Latino). La que es como el fresno florido.

Otilia. Variante de Odila.

Ovidia (Latino). La que cuida las ovejas. Forma masculina: Ovidio.

Ozana (Hebreo). Salve.

P

Paciencia (Latino). La tolerante.

Paine (Mapuche). Celeste.

Palaciata (Griego). La que vive en una mansión suntuosa.

Paladia (Griego). La protegida por Palas Atenea, diosa griega de la sabiduría.

Palma (Latino). La palmera y la victoria.

Palmira (Latino). La que habita en la ciudad de las palmas.

Paloma (Latino). El pichón salvaje. Símbolo de paz.

Pamela (Griego). La que es toda dulzura.

Pancracia (Griego). La que tiene todo el poder. Forma masculina: Pancracio.

Pandora (Griego). La que tiene todos los dones.

Pánfila (Griego). La que es querida por todos. Forma masculina: Pánfilo.

Paola. Variante italiana de Paula.

Partenia (Griego). La casta y pura como una virgen.

Pascua (Hebreo). El sacrificio que se ofrece por el pueblo.

Pastora (Latino). La que apacienta a sus ovejas. Forma masculina: Pastor.

Patricia (Latino). La de noble estirpe. Forma masculina: Patricio.

Paula (Latino). La de pequeña estatura. Formas masculinas: Pablo, Paulo.

Paulina. Diminutivo de Paula.

Paz (Latino). La tranquilidad, el ocio y el sosiego. Forma masculina: Paz.

Pelagia (Griego). La mujer del mar. Forma masculina: Pelagio.

Penélope (Griego). Esposa de Ulises, célebre por su paciencia y talento.

Perla (Germano). La preciosa, la exquisita.

Petra (Latino). La que es sólida y firme como una roca. Forma masculina: Pedro.

Petrona. Variante de Petra.

Pía (Latino). La piadosa y mística. Forma masculina: Pío.

Piedad. Variante de Pía.

Pilar (Español). Advocación dada a la Virgen en Zaragoza.

Pilmayquén (Mapuche). Golondrina.

Piro (Mapuche). Nieves.

Piuque (Mapuche). Corazón.

Polidora (Griego). La que otorga dones.

Polimnia (Griego). La que canta himnos.

Polixena (Griego). La hospitalaria.

Popea (Griego). La madre venerable.

Porcia (Latino). La que cría cerdos. Dama romana.

Práxedes (Latino). La activa, la emprendedora.

Preciosa (Latino). La que tiene un gran valor y precio.

Presentación. Nombre místico que evoca la presentación de la Virgen María en el templo.

Primavera (Latino). La de pleno vigor.

Primitiva (Latino). La primera.

Prisca (Latino). La antigua, de otra época.

Priscila. Variante de Prisca.

Proserpina (Griego). La que quiere matar.

Prudencia (Latino). La que obra con recato y conocimiento de las causas. Forma masculina: Prudencio.

Pura (Latino). La que no tiene mancha.

Purificación. Derivado de Pura.

Q

Querina (Árabe). La generosa.

Querubina (Hebreo). La que es como un becerro alado y fuerte. Forma masculina: Querubín.

Quillén (Mapuche). La lágrima. Es también nombre masculino.

Quionia (Griego). La que es fecunda.

Quirina (Latino). La que lleva la lanza. Forma masculina: Quirino.

Quiteria (Latino). Epíteto de Venus.

R

Rafaela (Hebreo). La medicina de Dios. Forma masculina: Rafael.

Ramona (Germano). La que sabe dar buenos consejos y protege. Forma masculina: Ramón.

Raquel (Hebreo). La oveja de Dios.

Rayén (Mapuche). La flor.

Rebeca (Hebreo). La de belleza encantadora.

Regina (Latino). La reina poderosa.

Reina. Variante de Regina.

Remedios (Latino). La que sana y alivia los males y problemas.

Renata (Latino). La que vuelve a nacer a la gracia de Dios. Forma masculina: Renato.

Renée. Forma francesa de Renata. Forma masculina: René.

Reyes. Nombre femenino que alude a la adoración de los Reyes Magos. *Este nombre debe estar acompañado por otro nombre para indicar con claridad el sexo de la persona.*

Ricarda (Germano). La que es muy poderosa. Forma masculina: Ricardo.

Rina (Germano). La que posee poder divino.

Rita. Diminutivo de Margarita.

Roberta (Germano). La que brilla por su fama. Forma masculina: Roberto.

Rocío (Latino). La cubierta por el rocío. Advocación de la Virgen María.

Romana (Latino). La que habita en Roma. Forma masculina: Román.

Romilda (Germano). La heroína cubierta de gloria. Forma masculina: Romildo.

Romina (Árabe). La que habita en la tierra de los cristianos.

Rosa (Latino). La que es bella como una rosa.

Rosa de Lima. Advocación de la santa patrona del Perú.

Rosalba (Latino). La rosa blanca.

Rosalía. Combinación de Rosa y Lía.

Rosamunda (Germano). La protectora de los caballos.

Rosana. Combinación de Rosa (la que es bella como una rosa) y Ana (la llena de gracia).

Rosario (Latino). La guirnalda de rosas. Forma masculina: Rosario. *Este nombre debe estar acompañado por otro nombre para indicar con claridad el sexo de la persona.*

Rosaura (Latino). La rosa de oro.

Rosenda (Germano). La excelente señora. Forma masculina: Rosendo.

Rosina. Diminutivo de Rosa.

Roxana (Persa). El alba.

Rubina (Latino). La bella como un rubí.

Rut. Variante de Ruth.

Ruth (Hebreo). La fiel compañera.

Rosicler (Francés). Color rosado, claro y suave de la Aurora.

S

Saba (Hebreo). La convertida. Forma masculina: Sabás.

Sabina (Latino). La que vino de Sabina, antigua región de Italia. Forma masculina: Sabino.

Sabrina (Anglosajón). La que habita en Severn, Gran Bretaña.

Safira (Hebreo). Bella como un zafiro.

Safo (Latino). La que ve con claridad.

Salomé (Hebreo). La princesa pacífica.

Salvadora (Latino). La que redime a los hombres. Forma masculina: Salvador.

Saivina (Latino). La que goza de buena salud. Forma masculina: Salvino.

Sandra. Variante italiana de Alejandra. Forma masculina: Sandro.

Santina (Latino). La que es sagrada e integra. Forma masculina: Santino.

Santos (Latino). Sagrada e íntegra. Forma masculina: Santos. *Este nombre debe estar acom-pañado por otro nombre para indicar con claridad el sexo de la persona.*

Sara (Hebreo). La princesa.

Sebastiana (Griego). La que es digna de veneración. Forma masculina: Sebastián.

Séfora (Hebreo). Ave.

Segismunda (Germano). La protectora victoriosa. Forma masculina: Segismundo.

Segunda (Latino). Segunda en el orden familiar. Forma masculina: Segundo.

Selene (Griego). La que es hermosa como la Luna.

Selma (Árabe). La que tiene paz.

Selva (Latino). La que nació en la selva.

Semíramis (Asirio). La amorosa como las palomas.

Serafina (Hebreo). El ángel flamígero. Forma masculina: Serafín.

Serena (Latino). La que es clara y pura.

Sergia (Latino). La que protege y custodia. Forma masculina: Sergio.

Servanda (Latino). La que debe ser salvada y protegida. Forma masculina: Servando.

Shaiel (Hebreo). El regalo de Dios.

Sharon (Hebreo). Llanura de Israel famosa por su fertilidad en los tiempos bíblicos.

Sheila (Irlandés). Deriva de Sile, forma irlandesa de Celia: la que vive en el cielo.

Sibila (Griego). La que profetiza. Nombre de algunas mujeres que en Grecia y Roma consultaban a los dioses y trasmitían oráculos. Es famosa la Sibila de Cumas.

Siglinda (Germano). La protectora victoriosa.

Sigrid (Germano). La que aconseja para obtener la victoria.

Silvana (Latino). La que nació en la selva. Forma masculina: Silvano.

Silvia. Variante de Silvana. Forma masculina: Silvio.

Silvina. Variante de Silvana. Forma masculina: Silvino.

Simona (Hebreo). La que me ha escuchado. Forma masculina: Simón.

Sinforosa (Latino). La que está llena de desdichas. Forma masculina: Sinforoso.

Sión (Hebreo). La alta montaña. Nombre dado antiguamente a la colina donde está situada Jerusalén. Por extensión, la misma ciudad. Forma masculina: Sión. *Este nombre debe estar acompañado por otro nombre para indicar con claridad el sexo de la persona.*

Sira (Latino). La que vino de Siria. Forma masculina: Siro.

Siria. Variante de Sira.

Sisebuta (Germano). La enérgica para mandos.

Socorro (Latino). La que está pronta a ayudar.

Sofía (Griego). La que tiene sabiduría.

Sol (Latino). La que tiene una fe luminosa. Forma masculina: Sol. *Este nombre debe estar acompañado por otro nombre para indicar con claridad el sexo de la persona.*

Solana (Latino). La que es como el viento del Este. Forma masculina: Solano.

Solange (Latino). La consagrada solemnemente.

Soledad (Latino). La que ama estar sola.

Sonia. Variante eslava de Sofía.

Soraya. Variante de Zoraida.

Stefanía. Variante de Estefanía.

Stella Maris (Latino). La estrella de mar.

Stephanie. Variante de Estefanía.

Sultana (Árabe). La señora absoluta.

Susana (Hebreo). La que es bella como una azucena.

Suyay (Quechua). La esperanza.

T

Tabita (Hebreo). Frágil como una gacela.

Taciana (Latino). Versión femenina de Taciano y éste a su vez variante de Tacio: el que calla.

Tais (Griego). La que es muy hermosa.

Tali. Variante de Talía.

Talía (Griego). La que es fecunda y floreciente.

Tamar (Hebreo). La que es como una palmera.

Tamara. Variante de Tamar.

Tania (Eslavo). La reina de las hadas.

Tara (Celta). La torre.

Tarsicia (Latino). La que nació en la antigua ciudad de Tarso, actualmente en territorio de Turquía. Forma masculina: Tarsicio.

Tatiana. Variante rusa de Taciana y éste a su vez versión femenina de Taciano, variante de Tacio.

Tea. Abreviación de Dorotea.

Telma (Griego). La que es amable con sus semejantes. Forma masculina: Telmo.

Temis (Griego). La que establece el orden y la justicia.

Teodelina. Variante de Teodolina y éste a su vez de Teodolinda.

Teodolina. Variante de Teodolinda.

Teodolinda (Germano). La que es amable con su gente.

Teodomira (Germano). La que es célebre en su pueblo. Forma masculina: Teodomiro.

Teodora (Griego). El regalo de Dios. Forma masculina: Teodoro.

Teodosia (Griego). La que ha sido dada como un regalo de Dios. Forma masculina: Teodosio.

Teodota. Variante de Teodosia.

Teofanía (Griego). La manifestación de Dios.

Teolinda. Variante de Teodolinda.

Terpsícore (Griego). La que ama el baile.

Teresa (Griego). La cazadora.

Teresita. Diminutivo de Teresa.

Tesira (Griego). La fundadora.

Tetis (Griego). La nodriza.

Thelma. Variante de Telma.

Ticiana (Latino). La valiente defensora. Forma masculina: Ticiano.

Tomasa (Hebreo). La gemela. Forma masculina: Tomás.

Toscana (Latino). La que nació en Etruria.

Tránsito (Latino). La que pasa a otra vida.

Trinidad (Latino). Nombre místico evocador de la Trinidad cristiana.

Tristana (Latino). La que lleva su tristeza con dignidad. Forma masculina: Tristán.

Troya (Latino). La que ofende.

Tulia (Latino). La que levanta el ánimo. Forma masculina: Tulio.

Turquesa. Simboliza este color.

U

Umbelina (Latino). La que protege con su sombra.

Urania (Griego). Como el firmamento.

Uriel (Hebreo). La poderosa luz de Dios. Forma masculina: Uriel. *Este nombre debe estar acompañado por otro nombre para indicar con claridad el sexo de la persona.*

Urraca (Vasco). Hace alusión a ese pájaro.

Ursina (Latino). La pequeña osa.

Ursula (Latino). La que es como una pequeña osa.

Ursulina. Diminutivo de Ursula.

V

Valentina (Latino). La que es vital y robusta. Forma masculina: Valentín.

Valeria (Latino). Variante de Valentina. Forma masculina: Valerio.

Valquiria. Variante de Walkiria.

Vanda (Germano). La que protege a los extranjeros.

Vanesa o Vanessa (Inglés). Nombre creado por el escritor irlandés Jonathan Swift (1667-1745) para su obra póstuma, uniendo el apellido y nombre de la destinataria.

Vanina. Diminutivo de la forma italiana de Juana.

Velia (Latino). Antiguo nombre para especificar lugares elevados.

Venus (Latino). Diosa de la belleza y del amor en la mitología romana.

Vera (Ruso). Fe.

Verna (Latino). La que nació en primavera.

Verónica (Griego). La que alcanza con su presencia la victoria.

Vesta (Griego). La que mantiene el fuego sagrado.

Vicenta (Latino). La que ha vencido. Forma masculina: Vicente.

Victoria (Latino). La que ha conseguido la victoria. Forma masculina: Víctor.

Vilma. Variante de Guillermina.

Violeta (Latino). La que es modesta.

Virginia (Latino). La que es pura como una doncella.

Visitación Alude a la visitación de la Virgen María a su prima Santa Isabel.

Vital (Latino). La que es fuerte y lozana. Forma masculina: Vital

Vitalia. Variante de Vital.

Vivian (Celta). La pequeña.

Viviana. Variante de Vivian. Forma masculina: Viviano.

Vivina. Variante de Vivian.

Vladimir (Eslavo). El príncipe de la paz. Forma masculina: Vladimir. *Este nombre debe estar acompañado por otro nombre para indicar con claridad el sexo de la persona.*

W

Walkiria (Escandinavo). Protectora en el combate.

Walkyria. Variante de Walkiria.

Waltruda (Germano). La que encanta en el campo de batalla.

Wanda. Variante de Vanda.

Wilfrida (Germano). La amiga de la paz.

Wilma. Variante de Guillermina.

Witburga (Germano). La que protege con voluntad.

X

Xenia (Griego). La hospitalaria.

Ximena. Variante de Jimena.

Xiomara. Variante de Guiomar.

Y

Yael. Variante de Jael.

Yanet. Variante de Jeannette, diminutivo Francés de Juana.

Yanina. Variante de Giannina, diminutivo Italiano de Juana.

Yara (Tupí). La señora.

Yasmin. Variante de Jazmín.

Yolanda (Latino). La que causa regocijo.

Yone (Griego). La violeta: la que es modesta.

Yvonne (Germano). La arquera.

Z

Zahira (Árabe). La que es como un hermoso regalo.

Zaida (Árabe). La señora que caza.

Zaira (Árabe). La llena de flores.

Zelma. Variante de Selma.

Zelmira. Variante de Celmira.

Zenaida (Griego). La consagrada a Dios.

Zenobia (Griego). La jueza de Dios.

Zita (Persa). La que se mantiene virgen.

Zoé (Griego). La llena de vida. Nombre de Eva.

Zoila. Variante de Zoé.

Zoraida (Árabe). La que es elocuente.

Zuleica (Árabe). La mujer hermosa y rolliza.

Zulema. Variante de Zulma.

Zulima. Variante de Zulma.

Zulma (Árabe). La que es sana y vigorosa.

Zulmara. Variante de Zulma.

NOMBRES MAPUCHES

Los nombres indígenas son una cada vez más importante fuente de inspiración para elegir cómo llamar a nuesro futuro bebé. La cultura mapuche está presente a través de la popularidad de nombres como Nahuel o Ayelén. A continuación, una lista de los más utilizados en los últimos años y sus respectivos significados.

Nombres masculinos

A

Acañir. Zorro libre.

Amuillán. El de gran corazón.

Ancavil. Ser mitológico.

Aucaman. Cóndor libre.

C

Calfumil. Azul brillante.

Calvucurá. Piedra azul.

Catricurá. Piedra tallada.

Coyahue. Reunión.

Cuminao. Último destello del sol.

Curileo. Río negro.

H

Huentemil. Rayo luminoso.

Huidaleo. Brazo del río.

Huircalaf. Grito de alegría.

L

Llancañir. Zorro gris.

N

Namuncurá. Pie de piedra.

Ñ

Ñancuvilu. Culebra blanca.

M

Millañir. Zorro plateado.

P

Painecurá. Piedra tornasolada.

Q

Quidel. Antorcha encendida.

Quintún. Buscador de águilas.

R

Repucurá. Camino de piedra.

Rucalaf. Casa de la alegría.

Nombres femeninos

A

Anillang. Mujer decidida y audaz.

Amuillán. Mujer de gran corazón.

Ayinhual. Mujer amorosa y generosa.

C

Calfuray. flor azul.

H

Huanquyí. Heralda.

I

Ilchahueque. Mujer joven.

Ipi. Mujer cuidadosa.

L

Lefitray. Sonido.

LL

Llanquiray. Perla florida.

Q

Quintruy. Mujer líder.

S

Saqui. Alma bondadosa.

Sayén. Mujer dulce y de corazón abierto.

LOS BEBÉS, LOS NIÑOS
Y LOS SIGNOS DEL ZODÍACO

El bebé y el niño de Aries
NACIDOS ENTRE EL 21 DE MARZO Y EL 20 DE ABRIL

El bebé de Aries mostrará desde temprano su espíritu indomable, personal y muy independiente. Sus emociones son turbulentas como el océano. Estas características se manifestarán desde la cuna y los padres de un niño ariano podrán observar que a éste le costará trabajo aceptar fácilmente las indicaciones de los mayores.

Se hará "ver" y "oír" constantemente, emitirá su punto de vista con firmeza y seguridad, inclusive interviniendo en las conversaciones de los adultos.

No se deja influenciar por los demás, ni avasallar por nadie, reaccionando muy mal ante el uso de la fuerza. Tenga presente siempre que su bebé ariano es dueño de una gran vitalidad. Cuando crezca, será bueno que dentro del hogar se deleguen en él tareas útiles, ya que le agradará sentirse responsable. Por otra parte, trate de fomentar sus naturales cualidades de líder.

Los niños arianos necesitan que se los incite al movimiento y a la aventura para que se sientan bien. Les agrada mucho trepar, saltar y hacer todo tipo de cosas que los ayuden a mostrar sus habilidades corporales. Competir y practicar deportes es un buen pasatiempo, ya que los ayuda a templar su fuerte carácter. Son niños con una enorme energía y necesitan de una intensa actividad corporal para no aburrirse. También les será útil todo lo que ayude a canalizar su tendencia natural hacia los trabajos manuales.

ELEMENTO: Fuego.

POLARIDAD: Positivo.

CUALIDAD: Cardinal.

PLANETA REGENTE: Marte.

SÍMBOLO: El carnero.

ÁREA CORPORAL: La cabeza.

Son afines a este signo

LOS COLORES: rojo.

LOS METALES: hierro.

LAS PIEDRAS: amatista y todas las de color rojo.

EL DÍA: martes por la mañana.

LA FLOR: clavel y anémona.

LA HIERBA: valeriana.

Personalidades de Aries:

Marlon Brando – Charles Chaplin – Julie Christie – Joan Crawford – Harry Houdini – Arturo Toscanini – Peter Ustinov – Vincent Van Gogh – Tennessee Williams – Lily Pons.

El bebé y el niño de Tauro

NACIDOS ENTRE EL 21 DE ABRIL Y EL 21 DE MAYO

Deben armarse de toda la paciencia del mundo con su pequeño toro. Le será fácil llegar a su hijito sólo cuando él esté de acuerdo con usted, y en el caso de que no llegue a estarlo, prepare todo su poder de persuasión para convencerlo, porque sus decisiones son, desde muy chico, sólidas como rocas. Ésta es una cualidad que le será muy útil en su vida futura.

El niño de este signo responde muy bien al trato afectuoso y se adapta rápidamente a las reglas del hogar.

Al crecer, probablemente se manifieste reacio al estudio y habrá que apoyarlo en este plano, porque tenderá a desinteresarse y aburrirse con cualquier tema relacionado con la escuela.

Le encantará disfrutar de la naturaleza y de los placeres de la buena vida.

Será proclive a canalizar sus insatisfacciones por medio de la comida, detalle que habrá que tener en cuenta en beneficio de su salud, ya que tendrá tendencia a engordar. Por otra parte, será importante que desde temprano aprenda a expresarse por medio del diálogo y la convivencia pacífica.

El mejor modo para lograr que un niño de Tauro se sienta pleno y feliz, es estimular sus cualidades artísticas.

Son muy fantasiosos, pero si no se los incita a expresarlas, suelen ocultarlas. Los disfraces, los instrumentos musicales, los títeres y muñecos son ideales para que muestren su importante veta histriónica. Son reflexivos, maduran poco a poco, por eso no conviene apresurarlos. Les agrada mucho pintar, dibujar, cocinar y todas las actividades que les permitan elaborar una idea propia de la realidad. La impaciencia de los padres es mala táctica contra su pereza. Estos niños gozan con la actividad física pero su naturaleza sensible se resiente ante las presiones.

ELEMENTO: Tierra.
POLARIDAD: Negativo.
CUALIDAD: Fijo.
PLANETA REGENTE: Venus.
SÍMBOLO: El toro.
ÁREA CORPORAL: El cuello y la garganta.

Son afines a este signo

LOS COLORES: verde.
EL METAL: cobre.
LAS PIEDRAS: esmeralda y ágata.
EL DÍA: viernes.
LA FLOR: jazmín y bugambilia.
LAS HIERBAS: menta y peperina.

Personalidades de Tauro:

Fred Astaire – Honorato de Balzac – Catalina la Grande – Bing Crosby – Salvador Dalí – Ella Fitzgerald – Henry Fonda – Sigmund Freud – Audrey Hepburn – William Shakespeare – Orson Welles – Barbra Streisand – Shirley Temple.

El bebé y el niño de Géminis

NACIDOS ENTRE EL 22 DE MAYO Y EL 20 DE JUNIO

Posee una gran imaginación, a tal punto que de pequeño puede llegar a confundir las fantasías que él mismo llegue a crearse con la realidad, lo que no significa en absoluto que mienta, sino que contará "su" verdad. Ama aprender y todo lo que signifique conocer lugares y gente nueva.

Le costará mucho disciplinarse y madurará de a poco, mediante sus propias experiencias. Los buenos ejemplos de sus padres o de sus hermanos mayores le serán de gran utilidad en su evolución, ya que este niño es fácilmente influenciable. Es muy emotivo y su encanto natural despertará gran cariño en los demás.

Los niños geminianos hablan sin parar y saben hacerse amigos en todos lados. Difícilmente se queden quietos durante mucho tiempo y sus ansias de comunicarse y curiosear no tienen límites. No desdeñan nada que les permita aprender más y suelen apasionarse por los libros. Les agradan los juegos de imitación dado que, mediante ellos, comprenden mejor el mundo de los adultos. Siempre los alegrará la posibilidad de expresarse y jugar con cajas de lápices, acuarelas, pizarras y cuadernos. Para compensar su tendencia a la actividad mental y suavizar cierta predisposición al individualismo, es ideal que practique deportes.

ELEMENTO: Aire.
POLARIDAD: Positivo.
CUALIDAD: Mutable.

PLANETA REGENTE: Mercurio.

SÍMBOLO: Los gemelos.

ÁREA CORPORAL: El sistema respiratorio.

Son afines a este signo

LOS COLORES: violeta.

EL METAL: mercurio.

LAS PIEDRAS: aguamarina y jaspe verde.

EL DÍA: miércoles por la tarde.

LA FLOR: lavanda y verbena.

LAS HIERBAS: valeriana y semillas de anís.

Personalidades de Géminis:

Arthur Conan Doyle – Marilyn Monroe – Errol Flynn – Paul Gauguin – Bob Dylan – John F. Kennedy – Walt Whitman – Rodolfo Valentino.

El bebé y el niño de Cáncer
NACIDOS ENTRE EL 21 DE JUNIO Y EL 22 DE JULIO

El niño de Cáncer pasará frecuentemente de la sonrisa al llanto sin demasiados motivos, pero no deben los padres culparse por ello, ya que esta característica es típica de los nativos cancerianos.

No se mostrará nunca agresivo, sino más bien calmo y generalmente, afable. Se convertirá rápidamente en el gobernante natural de su hogar, ya que –a medida que crezca– impondrá las reglas a seguir, sin proponérselo.

Cuando lo note con la vista perdida en algún punto fijo, piense que él vive imaginando aventuras y viajes.

Por su forma de ser, necesita un entorno de seguridad y afecto. Tenga siempre presente que su pequeño tendrá una gran memoria descriptiva y puede llegar a recordar vívidamente hechos muy lejanos; por ello hay que procurar por todos los medios que éstos sean de amor y paz.

El mundo de los afectos tiene un valor particular para estos niños. Nada les importa más que los gestos de cariño. Son importantes para su desarrollo los juegos activos que permitan el intercambio y la socialización con otros niños, y que los incentiven a tomar decisiones. Afirman su personalidad el contacto con la naturaleza y todo lo que promueva la destreza física. Tienen una atracción especial por guardar, coleccionar y registrar todo lo que esté a su alcance. Suelen refugiarse en su mundo interior, con una tendencia a aislarse de los demás, que a veces hay que combatir ayudándolo a que se relacione con otros niños. Posee cualidades artísticas que esperan ser desarrolladas y escribir es una de sus habilidades más destacables.

ELEMENTO: Agua.

POLARIDAD: Negativo.

CUALIDAD: Cardinal.

REGENTE: La luna.

SIMBOLO: El cangrejo.

AREA CORPORAL: El sistema digestivo y el pecho.

Son afines a este signo

LOS COLORES: blanco y plateado.

EL METAL: la plata.

LAS PIEDRAS: diamante, perla y piedra de la luna.

EL DÍA: lunes.

LAS FLORES: lirio y lila.

LAS HIERBAS: peperina y tilo.

Personalidades de Cáncer:

Louis Armstrong – Ingmar Bergman – Julio César – James Cagney – Jean Cocteau – John Glenn – Ernest Hemingway – Gina Lollobrigida – Rembrandt – Ringo Star.

El bebé y el niño de Leo
NACIDOS ENTRE EL 23 DE JULIO Y EL 22 DE AGOSTO

El niño de Leo será generoso desde pequeño y sentirá realmente la necesidad de proteger a los más débiles. Siempre se mostrará abierto a las enseñanzas que reciba de sus padres.

Poseerá un innato sentido del deber y será partidario de alcanzar cada una de las metas en base al propio esfuerzo. Cariñoso y efusivo, disfrutará muchísimo de las relaciones sociales y de las fiestas. Todo el arte lo fascinará y tendrá facilidad para expresarse a través de él. No se callará ante las injusticias y podrá llegar a resentirse profundamente si fuera víctima de ella. Tiene la destreza de generar el espacio para destacarse. Le agrada mucho actuar y representar escenas. Su tendencia hacia cierto egocentrismo suele controlarse con las actividades grupales y lo ayuda a socializarse. Ama a los animales y si recibe una mascota la cuidará con mucho cariño. Los niños de Leo son excelentes dibujantes. Poseen una innata capacidad para diseñar objetos y crear personajes originales y divertidos.

ELEMENTO: Fuego.

POLARIDAD: Positivo.

CUALIDAD: Fijo.

REGENTE: Sol.

SÍMBOLO: El león.

ÁREA CORPORAL: El corazón.

Son afines a este signo

LOS COLORES: naranja, amarillo y ocre.

EL METAL: oro.

LA PIEDRA: rubí.

EL DÍA: domingo.

LAS FLORES: girasol y narciso.

LAS HIERBAS: romero y diente de león.

Personalidades de Leo:

Lucille Ball – Napoleón – Fidel Castro – Benito Mussolini – Walter Scott – George Bernard Shaw – Robert Taylor – Alfred Hitchcock – Aldous Huxley – Carl Jung – Jacqueline Kennedy.

El bebé y el niño de Virgo

NACIDOS ENTRE EL 23 DE AGOSTO
Y EL 23 DE SEPTIEMBRE

Organizado, perfeccionista y de gustos moderados, su vida, aún desde muy temprano, no ofrecerá cambios bruscos ni marcados imprevistos. Necesita para su desarrollo, encontrar un modelo claro y consistente en la figura de sus padres. Será muy sensible a los conflictos que pudiere haber entre ellos, trayéndole, en muchos casos, importantes problemas emocionales. Si bien un niño virginiano suele ser muy afectuoso, a veces le costará trabajo demostrarlo. Será vivaz, perceptivo, con grandes dotes para lo intelectual, mostrándose entusiasta a la hora de aprender. En muchos casos, llegará a aventajar a sus compañeros en la aplicación de los conocimientos adquiridos. Si bien le agradará la vida al aire libre, no siempre se manifestará amante de los deportes.

Los niños de Virgo a veces desconciertan a los adultos. Pueden deslumbrar con sus prolijos razonamientos, y en otras ocasiones, elaboran insólitos delirios. Son imbatibles en los juegos de tablero pero también los seduce la magia y los acertijos. La lectura siempre es una actividad que les atrae, especialmente los cuentos fantásticos. Sus habilidades potenciales pueden ser desarrolladas con juegos o juguetes para armar y desarmar. La naturaleza y la ciencia encienden su imaginación. Exaltar su veta cómica los aleja de actitudes forzadas que suelen imitar de los adultos.

ELEMENTO: Tierra.
POLARIDAD: Negativo.

CUALIDAD: Mutable.

PLANETA REGENTE: Mercurio.

SÍMBOLO: La virgen.

ÁREA CORPORAL: Sistema digestivo.

Son afines a este signo

LOS COLORES: marrón y violeta.

EL METAL: mercurio.

LAS PIEDRAS: jaspe rosado y topacio.

EL DÍA: miércoles.

LAS FLORES: clavel del aire y jacinto.

LAS HIERBAS: romero y valeriana.

Personalidades de Virgo:

Laureen Bacall – Ingrid Bergman – Maurice Chevalier – Reina Isabel I de Inglaterra – Greta Garbo – Wolfgang Goethe – Lafayette – Sofía Loren – Cardenal Richelieu – Peter Sellers .

El bebé y el niño de Libra
NACIDOS ENTRE EL 23 DE SEPTIEMBRE Y EL 23 DE OCTUBRE

El bebé de Libra es feliz, sonriente y logra con su seducción natural atraer el cariño y la protección de todos. Su regente es Venus y es por eso que el amor, la suavidad y la belleza son partes fundamentales de su vida. Le costará mucho ceñirse a la disciplina y al estudio sistemático y riguroso.

Será muy sensible para todo lo relacionado con la estética y la armonía, y lo demostrará a través de su inclinación innata por las artes plásticas. Sufrirá como propio el dolor ajeno y tendrá para canalizar fuertes necesidades a nivel espiritual que pueden o no conducirlo hacia el plano de lo religioso.

Por otro lado, cuando crezca le resultará muy difícil tomar decisiones, por lo cual será preferible darle pocas opciones durante su infancia; por ejemplo, a la hora de elegir un juguete, que sea la muñeca o el osito, así se evitará su dispersión e irá, de esta manera, aprendiendo a seleccionar.

El niño de este signo disfrutará de la vida al aire libre y de los deportes.

Los niños de Libra muy comunicativos y están atentos a todo lo que ocurre en su entorno. Cuanto más movimiento social tengan a su alrededor, mejor se sentirán. Esta cualidad a veces se transforma en indecisión y dependencia, por lo que conviene fomentarles la autonomía. La pintura, la música y el teatro son ideales para este objetivo. Cualquier juego o juguete que logre ponerlos en movimiento incentivará un desarrollo armónico de su personalidad. Suelen eludir lo que no les gusta. Es importante que se les enseñe el valor de la responsabilidad.

ELEMENTO: Aire.
POLARIDAD: Positivo.
CUALIDAD: Cardinal.

PLANETA REGENTE: Venus.

SÍMBOLO: La balanza.

ÁREA CORPORAL: Los riñones.

Son afines a este signo

LOS COLORES: rosa, verde y todos los pasteles.

EL METAL: cobre.

LAS PIEDRAS: zafiro y esmeraldas.

EL DÍA: viernes.

LAS FLORES: rosa y camelia.

LAS HIERBAS: clavo de olor y diente de león

Personalidades de Libra:

Julie Andrews – Brigitte Bardot – Truman Capote – George Gershwin – Rita Hayworth – John Lennon – Franz Liszt – Friedrich Nietzsche – Oscar Wilde – David Ben-Gurión.

El bebé y el niño de Escorpio
NACIDOS ENTRE EL 24 DE OCTUBRE
Y EL 22 DE NOVIEMBRE

Muchas veces les resultará difícil a los padres de un niño escorpiano conocer los pensamientos y las fantasías de su hijo, ya que éste es el signo del misterio por excelencia. Rara vez él se abrirá a sus desconcertados padres. Es intenso y posesivo. Desde muy pequeño demostrará no conocer los términos medios, convirtiéndose a medida que crezca en un líder nato, muy amado por sus amistades.

El niño escorpiano tomará los problemas con calma y, a veces, se mostrará un tanto lento en sus estudios, por lo que sus padres deberán alentarlo en este plano. Firme y decidido, tendrá un sentido innato de la responsabilidad, característica que se afirmará con los años.

Amante de la justicia, no soportará que se mofen de él o lo menoscaben, siendo muy rápido en la réplica. Estos niños llaman la atención por su desbordante energía. Lo que más los seduce son las aventuras, investigar y ponerse a prueba. Sus capacidades se verán potenciadas desde muy niños mediante la vida al aire libre y los deportes. La naturaleza les atrae particularmente, por lo que es bueno que tengan mascotas y libros vinculados a los misterios de la vida silvestre. Tienen una insaciable curiosidad científica. Les gusta experimentar y todos los juegos que les permitan desarrollar creativamente un pensamiento vivaz. La actuación y los disfraces les facilitan los medios para expresarse libremente.

ELEMENTO: Agua.

POLARIDAD: Negativo.

CUALIDAD: Fijo.

PLANETAS REGENTES: Marte y Plutón.

SÍMBOLO: El escorpión y el águila

ÁREA CORPORAL: Los genitales y la vejiga.

Son afines a este signo

LOS COLORES: granate, rojo y negro.

EL METAL: acero.

LAS PIEDRAS: topacio y lapislázuli.

EL DÍA: martes por la tarde.

LA FLOR: orquídea.

LAS HIERBAS: caléndula, ginseng y salvia.

Personalidades de Escorpio:

María Antonieta – Richard Burton – Madame Curie – Katherine Hepburn – Grace Kelly – Robert Kennedy – Vivien Leigh – Margaret Mead – Charles de Gaulle – Indira Gandhi – Pablo Picasso.

El bebé y el niño de Sagitario
NACIDOS ENTRE EL 23 DE NOVIEMBRE
Y EL 21 DE DICIEMBRE

El niño de Sagitario sobresaldrá prácticamente desde la cuna por su espíritu alegre, y a medida que crezca también por sus buenos modales. Cuando lo visiten otros niños para jugar, él se comportará como el anfitrión perfecto. Este pequeño buscará agradarle a los demás, mucho más que los nativos de los otros signos y asimismo disfrutará profundamente de la vida al aire libre y de los deportes.

Tendrá un gran espíritu de aventura que sus padres deberán evitar combatir. Será idealista, romántico y desinteresado. Nunca pasará desapercibido, ya que sabrá hacerse "ver" y "oír". Será un buen amigo y muy querido en los lugares que frecuente. El entusiasmo por las cosas, si bien está muy marcado en los niños de este signo, nunca dura demasiado tiempo. En estos pequeños pesa más la inspiración que la voluntad.

Nunca terminan de hacer una cosa porque enseguida se embarcan en otra, pero están siempre en movimiento. No les alcanza el tiempo para desplegar sus ideas. Los triciclos, bicicletas y todo medio de locomoción serán adecuados para descargar energías y perfilar un temperamento que ama los viajes. Jugar a los exploradores y a los héroes de ficción es otra de sus pasiones. Son excelentes lectores, adoran los libros de aventuras, historia y geografía.

Les agrada mucho aprender pero también enseñar. Su temperamento también se expresa a través del arte y suelen ser buenos dibujantes.

ELEMENTO: Fuego.
POLARIDAD: Positivo.
CUALIDAD: Mutable.
PLANETA REGENTE: Júpiter.
SÍMBOLO: El centauro.
ÁREA CORPORAL: El hígado, las caderas y los muslos.

Son afines a este signo

LOS COLORES: azul eléctrico, púrpura y violeta.
EL METAL: estaño.
LAS PIEDRAS: turquesa y zafiro.
EL DÍA: jueves.
LA FLOR: magnolia.
LAS HIERBAS: laurel y tomillo.

Personalidades de Sagitario:

Ludwig van Beethoven – María Callas – Walt Disney – Winston Churchill – Juan XXIII – Frank Sinatra – Mark Twain.

El bebé y el niño de Capricornio
NACIDOS ENTRE EL 22 DE DICIEMBRE Y EL 20 DE ENERO

El pequeño de Capricornio parece haber nacido serio, por lo que conviene comportarse seriamente con él: de lo contrario, él se encargará de que uno se sienta tontamente niño. Este pequeño necesitará que sus padres le establezcan una línea clara y firme de conducta para no confundirse. A pesar de su extrema seriedad, el niño capricorniano será muy imaginativo y frecuentemente creará mundos propios en los cuales tenderá a encerrarse. Si bien parecerá obediente y formal, su espíritu volará hacia la pureza y la inmensidad. Se mostrará ingenioso, teniendo ideas claras y originales. Tal vez le cueste trabajo estudiar aquello que no lo llene espiritualmente. A pesar de su aparente timidez, se dedica a probar los límites que le fija el mundo.

La perseverancia y la seriedad con que encaran los juegos los asemejan en algunos aspectos a un adulto. Es recomendable estimular su fantasía y su imaginación. Así se evitará su tendencia al ostracismo. Los juegos en equipo como los que intercambian roles, los instrumentos musicales o los títeres son buenos recursos. Les atrae escribir y pintar, pero es fundamental que lo hagan sin presiones de los adultos.

ELEMENTO: Tierra.

POLARIDAD: Negativo.

CUALIDAD: Cardinal.

PLANETA REGENTE: Saturno.

SÍMBOLO: La cabra con cola de pez.

ÁREA CORPORAL: Los huesos, las rodillas y la piel.

Son afines a este signo

LOS COLORES: celeste, índigo y negro.

EL METAL: plomo.

LAS PIEDRAS: ónix y azabache.

EL DÍA: sábado.

LA FLOR: azalea.

LAS HIERBAS: poleo y laurel.

Personalidades de Capricornio:

Humphrey Bogart – Nat King Cole – Benjamín Franklin – Ava Gardner – Cary Grant – Howard Hughes – Juana de Arco – Martin Luther King – Isaac Newton – Louis Pasteur – Edgar Allan Poe.

El bebé y el niño de Acuario
NACIDOS ENTRE EL 21 DE ENERO Y EL 20 DE FEBRERO

Éste es el signo de la individualidad y los padres de un niño acuariano tendrán que armarse de paciencia y brindarle una buena dosis de libertad, porque é la necesitará desde el principio. Al niño de este signo le costará muchísimo atarse a programas fijos o estrictos, por lo que sus padres tendrán que mostrarse flexibles, tratando únicamente de acercarlo lo más posible a lo que dicta el sentido común. Los padres de niños acuarianos deberán tener en cuenta que su bebé será único y no admitirá comparaciones. Ya desde la cuna, buscará con ansiedad lo novedoso y se alborotará con facilidad.

Candoroso y pleno de ilusiones, cuando crezca tenderá a tener un círculo de amistades muy amplio. Suelen ser muy inquietos, curiosos y bien dispuestos, tienen un carácter independiente y muy sociable. Les agrada compartir su tiempo con otros chicos, a pesar de su tendencia a lo individual. Aman la música y la danza y por lo tanto les agrada mucho bailar. Su salud necesita que realice actividades físicas y deportes. La ciencia y todo lo que sea experimentar cosas nuevas es parte de sus predilecciones. Tiene una intensa capacidad para inventar o recrear historias, y también para crear objetos y diseños.

ELEMENTO: Aire.

POLARIDAD: Positivo.

CUALIDAD: Fijo.

PLANETA REGENTE: Saturno y Urano.

SÍMBOLO: El aguador.

ÁREA CORPORAL: El sistema circulatorio.

Son afines a este signo

LOS COLORES: gris verdoso, azul petróleo y negro.

LOS METALES: bronce y platino.

LAS PIEDRAS: ópalo y zafiro.

EL DÍA: sábado.

LAS FLORES: narciso y nardo.

LAS HIERBAS: romero y albahaca.

Personalidades de Acuario:

Francis Bacon – Lewis Carrol – Jack Lemon – Abraham Lincoln – Paul Newman – Charles Darwin – Charles Dickens – Thomas Edison – Mia Farrow – Clark Gable.

El bebé y el niño de Piscis
NACIDOS ENTRE EL 21 DE FEBRERO Y EL 20 DE MARZO

El pequeño pisciano es delicioso, con una gran sensibilidad y una notable imaginación, características que se pondrán en evidencia desde muy temprano. Prepárese para escuchar el relato de sus sueños y emociones, sobre todo cuando hieran su corazón.

Su niño amará profundamente el agua, disfrutando plenamente del momento del baño. Trate de fomentar sus cualidades artísticas, evite que se inhiba, ya que de pequeños los nativos de Piscis suelen ser bastante tímidos. Romántico de alma, vivirá planificando viajes y aventuras. Le costará bastante hablar en público, lo que con esfuerzo podrá superar.

Son niños con una gran capacidad para pasar de la actividad más frenética a la pasividad total en segundos. Y saben combinar la ficción y la realidad con mucha habilidad. Les cuesta mucho ser ordenados y metódicos, por lo que es recomendable inculcarles estos hábitos desde pequeños. Los juegos de ingenio y los enigmas son muy útiles para transformar su fantasía en realidad y poder poner "los pies en la tierra". Aman a los animales y realizar trabajos con la tierra los conecta con su mundo interior. Tienen una especial atracción por los cuentos fantásticos, los misterios y la magia.

ELEMENTO: Agua.

POLARIDAD: Negativo.

CUALIDAD: Mutable.

PLANETA REGENTE: Júpiter y Neptuno.

SÍMBOLO: Dos peces.

ÁREA CORPORAL: Los pies.

Son afines a este signo

LOS COLORES: verde mar, turquesa y toda la gama del azul.

LOS METALES: platino y estaño.

LAS PIEDRAS: turquesa y coral.

EL DÍA: jueves.

LAS FLORES: irupé y flor de azúcar.

LAS HIERBAS: ginseng y saúco.

Personalidades de Piscis:

Harry Belafonte – Enrico Caruso – Federico Chopin – Albert Einstein – George Händel – Victor Hugo – Vaslav Nijinsky – Elizabeth Taylor – George Washington.

EL SANTORAL

Enero

1	Solemnidad de Santa María, Madre de Dios
2	Santos Basilio Magno - San Gregorio de Nacianzo San Macario el Joven
3	Santa Genoveva - San Daniel
4	Beata Ángela de Foligno - Santa Isabel
5	San Simeón Estilita - San Eduardo
6	Epifanía del Señor (Día de los Reyes Magos)
7	San Raimundo de Peñafort
8	San Severino
9	Beata Alix Le Clerc - Santa Basilia - San Julián
10	Beato Gregorio X - San Nicanor
11	San Teodosio Cenobiarca
12	San Victoriano de Asán
13	San Hilario - Santa Verónica
14	San Félix de Nola - San Isidoro
15	Beatos Arnoldo Janssen y José Freinademetz - San Pablo San Alejandro, el Acemeta
16	San Honorato de Lerins - San Marcelo
17	San Antonio, abad - San Sulpicio
18	Santa Priscila - San Leobardo
19	San Canuto - Santa Marta
20	San Sebastián
21	Santa Inés
22	San Vicente
23	San Idelfonso - San Clemente
24	San Francisco de Sales
25	La conversión de San Pablo
26	San Timoteo - San Gabriel
27	Santa Ángela de Mérici
28	Santo Tomás de Aquino
29	San Pedro Nolasco
30	Santa Jacinta Mariscotti - Santa Martina
31	San Juan Bosco

Febrero

1   San Pionio - San Ignacio

2   Presentación del Señor - San Lorenzo

3   San Blas

4   San Andrés Corsini - San Teófilo

5   Santa Agueda

6   San Pablo Miki y compañeros mártires - San Gastón

7   Beata María de la Providencia

8   San Jerónimo Emiliano - San Pablo

9   Santa Apolonia

10 Santa Escolástica - San Silvano

11 Nuestra Señora de Lourdes

12 Santa Eulalia de Barcelona - San Damián - San Julián

13 San Gregorio II, Papa - Santa Maura

14 Santos Cirilo y Metodio - San Valentín

15 Beato Claudio de la Colombière - San Faustino

16 San Onésimo - San Albino - Santa Juliana

17 Los siete santos fundadores de los servitas de la Virgen María

18 San Simeón

19 San Álvaro de Córdoba - San Gabino

20 San Euquerio

21 San Pedro Damián

22 La cátedra de San Pedro

23 San Policarpo - San Lázaro

24 San Roberto Southwell - San Sergio

25 Beato Sebastián de Aparicio - San Cesáreo

26 San Porfirio - San Néstor

27 San Leandro - San Baldomero

28 San Román

29 San Macario y compañeros mártires.
    Conmemoración de otros santos mártires egipcios

Marzo

1   San Rosendo - San León

2   Beato Enrique Seuse - San Carlos el Bueno

3   Santa Cunegunda, emperatriz - San Marino

4   San Casimiro, príncipe - San Lucio

5   Beato Nicolás Factor - San Adrián

6   Santa Rosa de Viterbo

7   Santa Perpetua y Santa Felicitas

8   San Juan de Dios

9   Santa Francisca Romana

10   San Macario

11   Santo Domingo Savio - San Eulogio

12   Beato Luis Orione (Don Orione) - San Inocencio

13   San Nicéforo - Santa Patricia

14   Santa Matilde, reina.

15   San Clemente María Hofbauer - San Benigno

16   San Heriberto

17   San Patricio - Santa Gertrudis

18   San Cirilo de Jerusalén - San Eduardo

19   San José

20   San Martín de Dumio - San Marcos

21   San Nicolás de Flue

22   San Deogracias. San Zacarías - Santa Catalina de Génova

23   Santo Toribio de Mogrovejo.

24   Santa Catalina de Suecia - San Gabriel

25   La Anunciación del Señor

26   San Braulio

27   San Juan el Ermitaño - San Ruperto - San Lázaro

28   San Sixto III, Papa - San Prisco

29   Beato Raimundo Lulio

30   San Pedro Regalado

31   Beato Amadeo de Saboya

Abril

1   San Hugo, obispo de Grenoble

2   San Francisco de Paula - San Urbano

3   San Ricardo

4   San Isidoro de Sevilla

5   San Vicente Ferrer

6   San Egesipo - Beato Notkero - San Marcelino

7   San Juan Bautista de la Salle - San Alberto

8   Beata Julia Billiart

9   Santa María Cleofé

10   San Ezequiel, profeta

11   San Estanislao

12   San Julio I, Papa

13   San Hermenegildo - Santa Ida

14   San Telmo

15   Beato José Damián de Veuster - Santa Basilia

16   San Benito José Labre - San Magno

17   San Esteban Harding - San Roberto

18   Beata María de la Encarnación - San Amadeo

19   San León IX, Papa

20   Santa Inés de Montepulciano

21   San Anselmo

22   San Teodoro

23   San Jorge - Beata María Gabriela Sagheddu.

24   San Fidel de Sigmaringa

25   San Marcos

26   San Esteban, obispo de Perm - Beato Juan, obispo de Valence. Nuestra Señora del Buen Consejo

27   San Pedro Armengol - Santa Zita

28   Santa Valeria - San Luis María Grignion de Montfort - San Pedro Chanel

29   Santa Catalina de Siena

30   San Pío V, Papa - San José Benito Cottolengo.

Mayo

1 San José, obrero - San Jeremías

2 San Atanasio

3 Santos Felipe y Santiago, apóstoles - San Santiago

4 Beato Juan Martín Moyé - San Paulino

5 Nuestra Señora de la Gracia

6 San Juan ante la Puerta Latina

7 Beato Eugenio Mazenod - San Estanislao

8 Nuestra Señora de Luján

9 San Gregorio Ostiense

10 San Juan de Ávila - Santa Solange

11 San Francisco de Jerónimo

12 Santo Domingo de la Calzada

13 San Andrés Huberto Fournet

14 San Matías, apóstol

15 San Isidro Labrador

16 San Juan Nepomuceno

17 San Pascual Bailón

18 San Félix de Cantalicio

19 San Pedro Celestino

20 San Bernardino de Siena

21 San Andrés Bobola

22 Santa Rita de Casia

23 San Juan Bautista Rossi

24 María Auxiliadora

25 San Gregorio VII, Papa - San Adelmo

26 San Felipe Neri

27 San Agustín de Cantorbery

28 San Bernardo de Menthon

29 San Maximino

30 San Fernando III, rey de Castilla y de León - Santa Juana de Arco

31 Visitación de la Virgen María

Junio

1   San Justino

2   Santa María Ana de Jesús Paredes

3   Santos Carlos Lwanga y compañeros mártires

4   San Francisco Caracciolo - Santa Clotilde

5   San Bonifacio, apóstol de Alemania

6   Beato Marcelino Champagnat

7   Santa María Teresa Soubirán - La Santísima Trinidad

8   Santa María Droste de Vischering

9   San Efrén

10   Beato Juan Dominici

11   San Bernabé, apóstol

12   San Juan de Sahagún - San Onofre

13   San Antonio de Padua

14   San Eliseo, profeta

15   Santa Germana Cousin

16   Santa Lutgarda

17   Santa Emilia Vialard - Santa Matilde

18   San Gregorio Barbarigo

19   San Romualdo - Santa Juliana Falconieri

20   San Silverio, Papa

21   San Luis Gonzaga

22   San Paulino de Nola

23   San José Cafasso

24   Natividad de San Juan Bautista

25   San Guillermo de Vercelli

26   San Pelayo - San Próspero

27   San Cirilo de Alejandría

28   San Ireneo

29   Santos Pedro, apóstol - San Pablo, apóstol

30   Santos protomártires de la Iglesia Romana

Julio

1   San Simeón el Loco

2   Nuestra Señora del Huerto

3   Santo Tomás, apóstol

4   Santa Isabel de Portugal - San Ulrico

5   San Antonio María Zaccaria - San Guillermo de Hirschau

6   Santa María Goretti

7   San Fermín

8   San Procopio

9   Nuestra Señora de Itatí

10   Santa Verónica de Julianis

11   San Benito, abad

12   San Juan Gualberto

13   San Enrique II, emperador de Alemania

14   San Camilo de Lelis

15   San Buenaventura

16   Nuestra Señora del Carmen

17   Los mártires de Scili - San Alejo

18   San Eugenio - San Federico

19   Santas Justa y Rufina

20   San Elías, profeta - Santa Margarita

21   San Daniel, profeta - San Víctor

22   Santa María Magdalena

23   Santa Brígida

24   San Francisco Solano

25   Santiago el Mayor

26   Santa Ana - San Joaquín

27   San Pantaleón

28   Santos Nazario

29   Santa Marta

30   San Pedro Crisólogo

31   San Ignacio de Loyola

Agosto

1   San Alfonso María de Ligorio

2   San Eusebio de Vercelli

3   San Pedro Julián Eymard - Santa Lidia

4   San Juan Bautista María Vianney

5   Dedicación de la basílica de Santa María

6   La transfiguración del Señor

7   San Cayetano

8   Santo Domingo de Guzmán

9   Beato Juan Felton

10 San Lorenzo

11 Santa Clara de Asís - San Alejandro

12 Beato Inocencio XI - Santa Susana

13 San Juan Berchmans - San Ponciano

14 San Maximiliano María Kolbe

15 La asunción de la Virgen María

16 San Roque

17 San Jacinto de Cracovia

18 Santa Elena

19 San Juan Eudes - San Mariano

20 San Bernardo

21 San Pío X

22 Santa María Reina

23 San Felipe Benicio

24 San Bartolomé, apóstol

25 San José de Calasanz

26 Santa Teresa de Jesús Jornet e Ibars - San Ceferino

27 Santa Mónica

28 San Agustín - San Viviano

29 Pasión de San Juan Bautista

30 Santa Rosa de Lima

31 San Ramón Nonato

Septiembre

1   San Gil

2   San Brocardo - San Esteban de Hungría

3   San Gregorio Magno

4   Mártires jesuitas de septiembre - Santa Rosa de Viterbo

5   San Lorenzo Justiniano

6   San Beltrán de Garrigues - San Germán

7   Beatos Juan Ducket y Rafael Corby - San Regina

8   La natividad de la Virgen María - San Adrián

9   San Pedro Claver - San Omar

10 San Nicolás de Tolentino

11 Beato Juan Gabriel Perboyre - San Jacinto

12 San Guido

13 San Juan Crisóstomo

14 Exaltación de la Santísima Cruz - Santa Notburga

15 Nuestra Señora de los Dolores - San Porfirio

16 San Cipriano

17 San Roberto Belarmino

18 San José de Cupertino

19 San Genaro

20 Santos mártires de Corea - San Andrés

21 San Mateo, apóstol y evangelista

22 San Mauricio

23 San Isaías, profeta - San Lino

24 Nuestra Señora de la Merced

25 Los santos mártires del Canadá - San Fermín

26 Santos Cosme y Damián

27 San Vicente de Paul

28 San Wenceslao - San Bernardino

29 San Gabriel - San Rafael - San Miguel

30 San Jerónimo

Octubre

1	Santa Teresita del Niño Jesús
2	Los Santos Ángeles Custodios
3	San Gerardo
4	San Francisco de Asís
5	San Atilano - San Froilán
6	San Bruno
7	Nuestra Señora del Rosario
8	Santa Pelagia - San Sergio
9	San Dionisio, obispo y compañeros mártires - Santa Sara
10	San Francisco de Borja
11	Santa Soledad Torres Acosta - San Fermín
12	Nuestra Señora del Pilar
13	San Eduardo - San Mauricio
14	San Calixto
15	Santa Teresa de Jesús
16	Santa Margarita María Alacoque
17	San Ignacio de Antioquía
18	San Lucas, evangelista
19	San Pedro de Alcántara - San Pablo de la Cruz
20	Venerable Carolina Carré de Malberg
21	San Hilarión - Santa Ursula
22	Santa María Salomé
23	San Juan Capistrano - San Ignacio
24	San Antonio María Claret
25	Santos Crisanto y Daría
26	San Bernardo Calvó - San Evaristo
27	San Frumencio - San Florencio
28	San Simón y San Judas Tadeo, apóstoles
29	San Narciso, patriarca de Jerusalén. San Narciso, obispo de Gerona.
30	San Alonso Rodríguez
31	San Volfgango

Noviembre

1   Solemnidad de Todos los Santos - San Marcelo

2   Conmemoración de Todos los Fieles Difuntos

3   San Martín de Porres - San Huberto

4   San Carlos Borromeo

5   Fiesta de las sagradas reliquias - Santa Francisca de Amboise

6   San Leonardo de Noblat

7   María, mediadora de todas las gracias - San Florencio

8   Los cuatro mártires coronados - San Mauro

9   Dedicación de la Basílica de Letrán

10   San León Magno, Papa

11   San Martín de Tours - San Andrés

12   San Josafat - San Emiliano

13   San Diego de San Nicolás - San Estanislao

14   San Serapio

15   San Alberto Magno

16   Santa Gertrudis

17   Beatos mártires rioplatenses

18   Dedicación de las Basílicas de San Pedro y San Pablo en Roma

19   Santa Isabel de Hungría

20   San Edmundo de Cantorbery

21   Presentación de la Virgen María

22   Santa Cecilia

23   San Clemente I, Papa

24   San Crisógono

25   San Jeremías, profeta - Santa Catalina de Alejandría

26   San Silvestre, abad - Santa Delfina

27   Nuestra Señora de la Medalla Milagrosa

28   Santiago de la Marca

29   San Saturnino de Tolosa - San Sisinio

30   San Andrés, apóstol

Diciembre

1   San Eloy - San Mariano
2   Beato Juan de Ruysbroeck - Santa Bibiana
3   San Francisco Javier
4   San Juan Damasceno - Santa Bárbara
5   San Sabas - San Anastasio
6   San Nicolás de Bari
7   San Ambrosio
8   Inmaculada Concepción de la Virgen María
9   Santa Leocadia - Santa Valeria
10   Santa Eulalia de Mérida - Nuestra Señora de Loreto
11   San Dámaso I, Papa
12   Nuestra Señora de Guadalupe
13   Santa Lucía
14   San Juan de la Cruz - Santa Odila
15   Santa María Crucificada Di Rosa
16   Santa Adelaida (o Alicia) - San Eusebio
17   San Lázaro
18   Santa Juana Francisca de Chantal
19   San Urbano V, Papa - San Timoteo
20   Santo Domingo de Silos
21   San Pedro Canisio
22   Santa Francisca Javier Cabrini
23   San Juan Cancio - Santa Victoria
24   San Charbel Makhluf - Vigilia de la Natividad del Señor
25   Natividad de Nuestro Señor Jesucristo - Santa Eugenia
26   San Esteban, el primer mártir
27   San Juan, apóstol y evangelista
28   Los Santos Inocentes
29   Santo Tomás Becket
30   Santa Melania - San Raúl
31   San Silvestre I, Papa

ÍNDICE